네트워크 세계사

네트워크 세계사

인류는 어떻게 소통하고 교류하는가

민유기 · 정지호 · 홍용진 지음

 자유의 길

네트워크로 보는 세계의 인류 문명사

코로나19 세계대유행pandemic은 세계사의 한 전환점이 될 것입니다. 기원전BC을 예수 이전이 아닌 코로나 이전으로 빗대는 우스운 소리도 들립니다. 이럴 때일수록 인류 문명사를 성찰적으로 되돌아봐야 할 것 같습니다. 인류 문명의 과거를 되돌아보는 것은 그 자체로도 충분히 즐겁지만, 현재 우리가 어떤 고난과 역경을 극복해 왔는지를 깨닫게 해주면서 보다 나은 미래의 삶을 전망하게 해줍니다. 하나의 지구촌에서 자유롭던 이동과 여행이 대부분 멈춰져 있지만, 책을 통해서 고대부터 현대까지 세계 각지의 역사와 문화와 접촉할 수 있습니다. 《네트워크 세계사》는 인류 문명에 대한 성찰, 책을 통해 시공간을 넘나드는 세계여행이라는 두 가지 모두를 충족시켜 줄 것입니다.

세계사를 다루는 여러 책들이 존재합니다. 하지만 《네트워크 세계사》는 적어도 세 가지 차원에서 새롭습니다. 아마 이점이 좋은 평가로 이어져 2020년 한국출판문화산업진흥원의 우수출판콘텐츠로 선정된 것 같습니다.

첫째, 이 책은 세계를 무대로 펼쳐지는 인간과 지역의 상호작용에 초점을 두었습니다. 지역과 지역, 나라와 나라가 단순히 병렬되어 있기보다는 지역적 구분을 넘나들며 특정한 시대에 어떠한 나라와 지역이 서로 영향을 주고 공존하고 있었는지를 보여주고자 했습니다. 지중해로 엮인 유럽과 북아프리카와 근동, 동아시아에서 중앙아시아와 서아시아를 거쳐 유럽에 이르는 유라시아 대륙, 인도양을 매개로 한 아프리카와 중동과 인도 서아시아, 대서양 양안의 유럽과 아메리카와 아프리카, 태평양을 통한 아시아와 아메리카와 오세아니아 등 서로 연결된 지구촌에서 동시대적 관계망의 구성과 확대과정을 역사적으로 확인할 수 있습니다. 세계 각 문화권의 교류와 갈등이 역사전개에 미친 긍정적 부정적 영향을 모두 고찰하면서, 세계시민으로서 꼭 알아야 할 세계사, 지구촌의 역사, 인류 문명의 역사를 서술했습니다.

둘째, 많은 세계사 책들은 유럽사와 중국사를 중심에 두고 이 지역의 주변부에 대한 서술이 많기에 의도하지 않았더라도 서구중심주의나 중국중심주의 성향이 존재합니다. 이 책은 세계사의 서구중심주의나 중국중심주의 해석을 경계하며 중앙아시아, 중동, 서남아시아, 동남아시아, 아프리카, 중남미 등 세계 각 지역의 문화와 역사에도 관심을 기울이고 있습니다. 특히 기존의 세계사 책들에서 상대적으로 서술이 부족했던 서아시아와 지중해 권역의 교류와 이슬람세력의 세계사적 영향력을 유럽과 동아시아 못지않은 비중으로 다루었습니다. 아울러 기존 세계사 책들이 각 지역의 역사를 다루며 주로 정치체제의 변화에 집중했기에, 상대적으로 부족했던 문화사나 다른 지역들과의 상호 교류의 역사를 가능한 한 많이 보여주고자 했습니다. 중국과 일본 역사를 서술할 때도 이러한 관점에서 동아시아, 나아가 세계사적인 시각 속에서 중국 및 일본의 역사가 진행되어 왔다는 점을 강조하고자 했습니다.

셋째, 전 세계 역사학과 고고학은 물론 다양한 사회과학 학문의 최신 성과들 가운데 주류 학설로 인정받고 있는 내용들을 반영했습니다. 이로 인해 이전 세계사 책에서 다루는 메소포타미아, 이집트, 인더스, 황허 4대 문명뿐만 아니라 그 외 지역의 다양한 고대 문명도 함께 소개하고 있습니다. 또한 많은 세계사 책들이 20세기 말 냉전의 해체까지를 서술하는 것과 달리, 냉전 해체 이후 신자유주의 세계화를 소개하는 건 물론이고, 난민문제, 지구온난화와 기후변화, 지속가능한 사회발전 추구 같은 21세기 글로벌 아젠다를 설명하면서 현재 전개되고 있는 세계사의 흐름과 방향성을 안내했습니다.

《네트워크 세계사》는 총5부로 구성되었습니다. 먼저 제1부는 인류의 기원부터 세계 각지의 문명 형성을 다룹니다. 인류 문명이 처음 결실을 맺은 곳은 메소포타미아였고, 이후 이집트, 미노아, 인더스, 황허 등에서 문명이 등장했습니다. 메소포타미아에서 성장한 고대왕국들은 그리스에 영향을 미쳤으며, 알렉산드로스의 동방원정은 아시아와 유럽의 문화교류를 낳았고, 로마는 아시아, 아프리카, 유럽에 대제국을 건설했습니다. 고대 여러 신앙은 기독교 형성에 영향을 주었고, 인도의 고대 마우리아 왕국에서 탄생한 불교는 동아시아로 확산되었습니다. 중국에서는 춘추전국시대 다양한 사상이 발전했고, 진한 통일왕조에서 중국의 문화적 기틀이 마련되었으며 비단길이 개척되어 동서교류가 활발해졌습니다.

제2부에서는 동아시아 및 서아시아-지중해 문화권의 성장과 중세 사회를 다룹니다. 중국 수당제국은 동서교류를 증진했고, 서아시아 사산제국도 마찬가지였습니다. 인도 굽타왕조 시기에는 힌두교가 등장해 확산되었고, 7세기에 등장한 이슬람은 서아시아-지중해 권역을 장악했지요. 서로마 몰락 이후 혼란을 겪던 서유럽에서는 카롤루스 제국이 등장했으나 권력의 파편화로 봉건제가 등장합니다. 중앙아시아의 튀르크계 유목민은 서쪽으로 이동하며 여러 문화권과 충돌했는데, 셀주크 튀르크 이슬람 왕조는 유럽과 십자군전쟁을 치루기도 했습니다. 13세기에는 몽골의 힘을 바탕으로 이슬람-인도-중국으로 이어지는 전세계적 교역망이 조직되었습니다.

제3부는 교류와 충돌이 만들어낸 근대의 시작을 살펴봅니다. 14세기에는 이슬람 세력권인 동서 아프리카와 북부 아프리카, 아라비아 반도에서 서아시아 인도, 동남아시아에 이르는 교역 활동이 진행됐습니다. 동아시아에서는 명청 시기 조공무역을 통한 교역과 교류가 왕성했고, 예수회 선교사들에 의해 서학이 등장했으며, 일본은 동남아에 진출한 유럽인들과 직접 교류하기 시작했습니다. 흑사병, 잉글랜드와 프랑스의 백년전쟁 같은 중세 위기를 넘긴 서유럽은 대항해 시대와 종교개혁을 거치며 근대를 열면서 자본주의를 탄생시켰고 영국혁명을 통해서는 의회민주주의를 확

립했습니다.

제4부에서는 격변의 근대에서 발생한 미국과 프랑스의 시민혁명, 이탈리아와 독일 등 국민국가의 성장, 자유주의와 민족주의의 성장에 따른 서구의 발전을 고찰합니다. 산업혁명은 서구의 세계사적 주도권 획득을 도왔고, 근대 도시문화와 과학기술도 발전했습니다. 산업화로 인한 사회 갈등은 사회주의와 노동운동을 성장시키기도 했지요. 서구의 성장은 네트워크를 확산시킨 제국주의로 연결되어 비서구지역에 대한 식민 지배를 야기했고, 세계 각지에서 제국주의에 대한 대응이 등장합니다. 중국은 신해혁명을 겪었고, 일본은 메이지유신을 통해 빠른 서구화와 근대화를 추진했습니다. 그리고 아시아와 아프리카 여러 지역에서는 제국주의에 대한 저항이 발생했습니다.

제5부는 현대세계와 지구촌의 미래 전망을 탐구합니다. 제1차 세계대전은 제국주의 경쟁의 산물이었고, 전쟁 중에 러시아혁명이 발생했습니다. 세계대공황으로 전후의 안정은 흔들렸고 파시즘과 나치즘이 대두하게 됩니다. 제2차 세계대전 이후는 미·소 중심의 냉전질서가 수립되었으며, 식민지에서 독립한 제3세계의 목소리도 커져갔습니다. 전후 수정자본주의와 복지국가는 고도성장을 가져왔지만 1970년대 초에 경제위기에 빠졌고, 시장의 자율성을 강조한 신자유주의가 등장합니다. 20세기 후반의 세계화는 세기말 현실 사회주의 국가가 몰락하며 더욱 확산되었습니다.

인권, 환경 같은 글로벌한 관심사 속에 21세기 초 인류는 네트워크 세계의 지속가능한 발전을 고민하고 있습니다.

《네트워크 세계사》는 대학교 1, 2학년 인류 문명사나 세계문화사 교양 강좌의 교재로 사용할 수준의 내용을 담고 있습니다만, 역사에 관심이 많은 고등학생이 읽기에도 큰 어려움이 없습니다. 기본적으로는 세계사에 관심을 가진 중등교육과정을 이수한 일반 시민을 독자층으로 염두에 두고 집필했습니다. 많은 이들이 이 책을 통해 인류 문명의 발자취를 확인하고, 인류의 지속가능한 미래를 전망할 수 있으면 좋겠습니다. 유럽과 미국, 중국에 대한 이해의 심화는 물론이고 상대적으로 덜 익숙한 지역들인 중동, 중앙아시아, 인도서아시아, 동남아시아, 남아메리카 등 세계 각지의 고유한 역사와 문화에 대한 이해가 확장되기를 기대합니다. 그리고 일부 갈등을 유발하기도 했으나 교류와 소통이 인류 문명사를 이끈 원동력임을 확인하면서, 갈등을 예방하고 평화와 번영의 지구촌을 만들어가기 위한 세계시민의식을 함양하는 데 도움이 되기를 희망합니다.

2020년 11월 30일

저자들을 대표하여 민유기

차례

제3부 교류와 충돌로 빚은 근대의 여명

제1부

인류의 기원과 고대 문명

1장 고대 문명의 다양성

1. 인류의 진화와 문명의 토대

기원전 약 180만여 년 전 영장류 중 일부가 손을 사용하고 도구를 제작했다. 영장류에서 인류가 진화하기 시작한 것이다. 기원전 약 160만 년 전부터 인류는 직립보행이 가능해지기 시작하면서 장거리 여행을 시작했고, 기원전 약 100만 년 전부터 아프리카 대륙을 벗어나 유라시아 대륙으로 이동하며 전 세계로 뻗어 나갔다. 이후 인류는 기원전 약 40만 년 전에는 불을 사용하기 시작했고 기원전 약 10만 년 전부터는 본격적으로 언어를 사용했다.

현생 인류는 호모 사피엔스Homo sapiens로 지칭되는데, 라틴어로 '생각하는 사람'이라는 뜻이다. 하지만 기원전 약 4~5만 년 전까지만 해도 인류의 범주에는 사피엔스인 외에도 하이델베르크인Homo heidelbergensis이나 네안데르탈인Homo neanderthalensis도 있었다. 특히 네안데르탈인은 현생 인류인 사피엔스인보다도 뇌 용적량이 크고, 보다 튼튼한 골격과 근력을 지녔다. 네안데르탈인은 사피엔스인과 마찬가지로 종교와 언어를 지녔으며 살인이나 병자 치유 같은 사회적 행동을 했던 것으로 파악된다. 그러나 이러한 다양한 인류들은 기원전 약 3만 년 전에 모두 멸종했다. 물론 사피엔스인

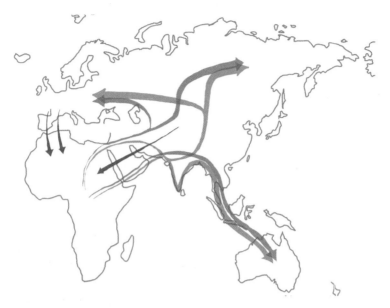

인류의 이동 경로 (인류는 아프리카에서 이동을 시작했는데, 유라시아로 갔다가 다시 아프리카로 돌아온 초록색 경로가 있고, 보라색과 같이 유라시아로만 뻗어나간 단일경로설이 있으며, 아프리카에서부터 나와서 서로 다른 경로로 이동했거나 이미 아프리카에서부터 갈라져서 유라시아로 이동했음을 보여주는 빨간색 복수경로설이 있다.)

과 다른 인류 간의 교배가 이루어지기도 했다. 하지만 식량 확보나 전쟁과 같은 활동에 있어서 다른 인류는 사피엔스인과의 경쟁에서 밀려나 도태된 것으로 파악되고 있다.

그렇다면 사피엔스인만 생존할 수 있었던 가장 큰 이유는 무엇일까? 사피엔스인, 즉 현생 인류의 특징 중 가장 먼저 이야기되는 것은 동물 집단에서는 이루어질 수 없는 광범위한 사회조직 형성이다. 학자들은 이러한 집단 형성을 가능하게 해주는 바탕으로 성원 대다수가 공유하고 따르는 신앙과 상징체계의 창출을 지적한다. 이는 구체적으로 공통의 언어, 집단 가무와 종교, 선물 교환 같은 형태로 나타난다.

대규모 사회조직을 바탕으로 현생 인류는 기원전 약 1만 년 전 지구 대부분의 육지로 퍼져 나갔다. 각 지역의 극심한 환경 제약조건을 사회조직 및 불과 도구의 사용으로 극복해나갔으며 그 와중에 개ㅊ라는 충직한 동반자를 창출해냈다. 현생 인류는 환경에 적응하면서도 환경을 변화시켜나갔으며 그 결과 인간 스스로도 변화했다. 선천적 능력 외에 후천적 지식과 기술 전수, 즉 교육이 중요해졌고 생리적·물질적 욕구를 넘어서 심리적 욕망이 확대되었다.

인류 문명 발전에 대한 전통적인 도식에 따르면 구석기 수렵·채집사회는 기원전 약 1만 년 전에 이루어진 신석기 농업사회로 이행·발전했다. 농업은 가축 사육을 수반했고 농업과 목축의 발전은 비약적인 식량생산 증대로, 나아가 급속한 인구증가로 나아갔다. 이와 더불어 인구 밀집지역을 중심으로 도시가 건설되고 문명이 탄생했으며 문명들 간의 교류가 이루어지기 시작했다. 이러한 도식은 농업생산과 정주定住를 통한 식량생산 증대와 인구증대를 인류 문명 발생의 핵심조건으로 이야기한다.

그러나 이러한 도식은 최근 발견된 사례들로 그 타당성을 의심받고 있다. 기원전 1만~8천 년사이에 건설된 거석 신전 단지인 터키의 괴베클리 테페Göbekli Tepe 유적지와 기원전 7천~5천 년사이에 건설된 대규모 주택단지인 차탈 휘위크 Çatal Hüyük 유적지가 그 대표 사례다. 먼저 대규모인력 동원과 사회조직을 전제로 한 괴베클리 테페 유적지에는 농업사회가 아닌 수렵·채집사회

괴테글리 테페(위)
차탈 휘위크(아래)

의 흔적을 남기고 있다. 이는 대규모 협동작업과 사회조직이 농업사회에 의한 잉여생산물 축적보다도 그 이전부터 내려오던 공통의 신앙·상징체계에 의해 이루어졌다는 점을 보여준다. 차탈 휘위크 유적지는 신석기 농업사회로 진입한 흔적을 보여주지만 수렵·채집 활동도 활발했다는 점 또한 드러낸다. 이는 수렵·채집사회에서 농업사회로의 전환은 단선적이기보다는 복합적이었다는 점을, 나아가 대규모 문명 건설은 농업에 종사하는 정주민과 수렵·채집인의 협업으로 이뤄졌음을 보여준다. 이에 따르면 문명 발전의 핵심 조건은 공동의 신앙체계 형성을 통한 대규모 집단 또는 사회조직 형성과 인구 밀집이 된다.

인구 밀집과 농업의 선후관계에 대한 논란에도 불구하고 신석기 농업혁명 이후 이루어진 인구와 농업 발전 간의 긴밀한 상승작용이 고대 문명의 토대를 이루었다는 사실에는 변함이 없다. 기원전 3천 년까지 아프리카와 유라시아 대륙 곳곳으로 다양한 식물재배와 농업활동, 목축업이 확산되어 나갔다. 그리고 기원전 3천 년부터는 목축과 농업에만 각각 특화된 지역이 나타나기 시작했다. 유라시아 북부의 스텝지역에서는 목축을 전문적으로 하는 유목민 생활방식이 등장했다. 스텝지역 이남의 강, 하천, 천수지역에서는 농업이 전문화되면서 축력을 이용한 쟁기로 농경이 더욱 대규모화되었다.

2. 문명의 시작: 메소포타미아

인구 급증과 농업사회의 상승작용이 문명의 형태로 맨 처음 결실을 맺은 곳은 비옥한 초승달 지대이며, 특히 티그리스와 유프라테스 두 강 사

우르크 현재 모습

이에 위치한 메소포타미아Mesopotamia 지역 하류에 위치한 수메르 지역이었
다. 수메르인들은 두 강을 중심으로 관개시설을 촘촘하게 건설함으로써
척박했던 땅을 옥토로 개간했다. 그 결과 수메르 문명은 풍부한 식량 생
산과 폭발적인 인구 증가를 이루어냈다.

기원전 5천 년경부터 시작된 수메르의 도시화는 기원전 4천 년경에 이
르러 우르Ur나 우루크Uruk와 같은 대규모 도시들의 등장으로 이어졌다. 농
촌에서 생산된 잉여생산물이 각 도시의 공동 창고에 저장되었으며 수메
르 도시들 간에, 나아가서는 이집트와 인도 같은 외부 지역에서도 활발
한 교역활동이 전개되었다. 도시에 인구 대부분이 밀집해 있었고 기술 발
전과 전문화직조, 도기와 금속류 제작, 교역 등가 이루어졌다. 큰 도시들 한 가운데에

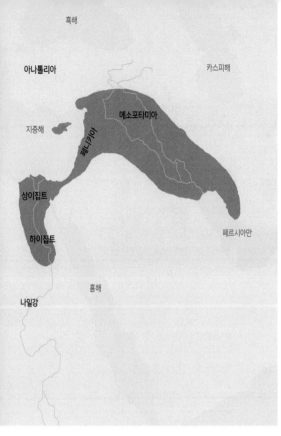

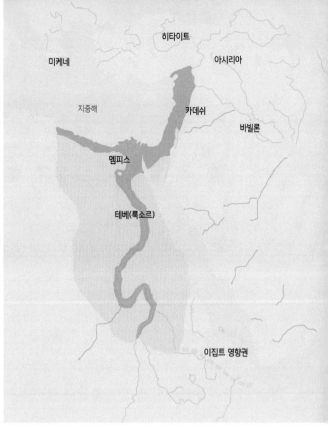

비옥한 초승달 지대   신왕국 시대 이집트 제국

는 공동의 상징과 신앙생활을 담당하던 종교 중심지가 형성되었다. 이곳의 핵심인 신전은 공동 창고로도 기능했는데 이는 수메르에서 종교와 경제, 정치가 밀접하게 연관되었음을 보여준다.

잉여 생산물의 집적, 집중, 분배 활동의 발달은 인류 최초의 문자인 쐐기 문자의 발명으로 이어졌다. 현재 발견된 15만 개 점토판들 중 75퍼센트를 차지하는 기록이 물품의 보관과 배분, 보수 지급을 그 내용으로 하고 있다. 수메르의 문자 문화는 지배 엘리트층 출신인 서기 집단의 전유물이었으며 이들을 양성하는 전문학교를 통해 전수되었다. 이밖에도 수메르 문명은 60진법과 역법, 수학, 바퀴를 이용한 수레를 발명했다.

수메르의 각 도시들은 공통의 종교와 신화체계, 언어, 문화를 공유했지

아누비스 신과 토트 신이 지켜보는 가운데 저울을 이용해 망자의 심장 무게를 재고 있다. 이집트 파피루스 〈사자의 서〉

만 다신교에 입각한 상이한 정체성을 지니고 있었다. 이러한 정치적 분열은 수로와 경작지, 교역로를 둘러싼 도시들 간의 투쟁으로 이어졌고 몇몇 도시들을 통합한 거대 왕국의 형태로 나아가기도 했다. 우루크의 왕의 업적을 신화화한 《길가메시 서사시》는 기원전 2천 년대 수메르의 사회와 문화를 잘 보여준다. 야만에 맞서면서 이를 길들이는 문명사회의 모습, 대홍수 설화 등을 담고 있는 이 작품은 특히 강력한 왕이라도 유한한 인간에 불과하다는 수메르인의 생각을 잘 보여준다. 이는 이집트의 파라오 신격화와 강한 대비를 이룬다.

메소포타미아 지역의 중심지는 시간이 지나면서 강 하류인 수메르 지역에서 양 강 상류지역으로 이동해 나갔다. 이는 수메르 지역의 쇠퇴와 상류 지역에 새로 등장한 강력한 왕권의 흥망과 함께했다. 수메르 북부의 아카드Akkad인은 기원전 2350년경 사르곤 왕을 중심으로 이 지역을 통일했으나 기원전 2100년경에는 우르 제3왕조가 이 지역의 패권을 장악했다. 이때 현존하는 가장 오래된 성문법전인 〈우르남무 법전〉이 작성되었고 거대신전인 지구라트가 건축되었다. 기원전 2천 년경 또다시 찾아온 2

우르남무 법전

백여 년의 분열의 시대 이후 북부지역의 아모리인은 기원전 1792년 함무라비 왕을 중심으로 바빌로니아 제국을 건설했다. 전쟁보다도 외교와 정치 전략을 훌륭하게 구사한 함무라비 왕은《함무라비 법전》을 반포해 '정의에 입각한 왕권'이라는 이데올로기를 내세웠다. 문자 문화에 의한 통치체제를 구축한 바빌로니아 제국은 기원전 1600년대까지 번영을 구가했다. 메소포타미아 문명은 뒤이어 나타난 이집트 문명 및 인더스 문명과도 긴밀한 교역관계를 맺었다. 고가의 사치품이나 건축 자재, 각종 도구 자재들이 세 문명권에서 거래되었다. 일례로 수메르의 여왕 또는 여사제로 알려진 푸아비Puabi의 무덤에서는 아나톨리아 반도와 아프가니스탄, 이집트 지역에서 산출된 보석들이 발견되었다. 또 하라파와 모헨조다로에서 발견된 인더스 인장은 메소포타미아 지역에서 출토되었다는 점은 두 문명 간 활발한 교역을 짐작하게 한다.

3. 아프로유라시아의 초기 문명들: 이집트, 미노아, 인더스, 중국

나일 강 유역을 중심으로 번영한 이집트 문명은 지리 조건에서 메소포타미아와 많은 차이를 지녔다. 지중해와 홍해를 통한 해로와 시나이 반도를 통한 육로는 교역에 개방적인 지리적 이점을 주었다. 그러나 이러한 개방성이 메소포타미아 지역과 다르게 외부 침입에 의한 분열을 초래하

기자의 스핑크스와 피라미드

지는 않았다. 단일하고 거대한 나일 강은 이집트 문명을 메소포타미아 문명에 비해 보다 중앙집권적으로 만들었고 나일 강을 향한 응집력은 외부 세력의 성장을 더디게 만들었다. 그렇다고 이집트에 분열과 외침이 없었던 것은 아니다. 메소포타미아에 비해 중앙집권화의 비용과 노력이 덜 필요했을지라도 이집트 내부에서도 분열과 통합이 주기적으로 발생했다. 그리고 이러한 흐름은 기원전 1600년경의 힉소스인의 침략으로 종식된다. 이집트 문명은 기원전 3100년경 나일 강 상류의 상 이집트와 하류의 하 이집트의 통일로 시작한다. 이집트인들은 홍해와 시나이 반도를 통해 메소포타미아 문명의 영향을 강하게 받았다. 하지만 이집트 상형문자와 10진법 체계가 보여주듯, 이집트인들은 이를 그대로 모방하기보다 자신들의 것으로 재창조했으며 왕을 불사의 존재로 신격화했다.

기원전 2600년대에 이르러 이집트에서는 멤피스를 수도로 한 중앙집권적 왕권이 확고해졌고 막대한 대토지를 소유한 파라오는 이를 신관과 관료들에게 배분했다. 내세의 부활을 위해 미라가 만들어졌고 거대한 피라

크노소스 궁전 유적

미드도 건축되었다. 삶과 죽음 간의 끝없는 순환으로 죽음은 또 다른 세계로의 진입이라는 내세관이 강화되어 나갔다. 주목해야 할 점은 파라오의 권력 강화가 억압적 사회로 이어지지는 않았다는 사실이다. 이 시기 이집트는 신분제는 있었지만 위계서열은 느슨하고 노예제는 존재하지 않는 대체로 자유로운 사회였다.

기원전 2200년경부터 왕권이 쇠퇴하고 지방 귀족들의 권력이 강화되어 갔다. 파라오는 토지와 관직에 대한 분배권을 상실했고 지방 귀족들은 이를 전유해 세습했다. 급기야 이집트는 상 이집트와 하 이집트로 다시 분열되었으나, 점차 왕권의 재강화가 이뤄지면서 지방 귀족세력이 제압되어 나갔다. 이때 이집트는 나일 강 유역을 벗어나 시나이 반도의 유목민과 교역을 하거나 레반트 지역으로 원정을 감행했다. 이집트는 이제부터 본격적으로 메소포타미아 및 지중해 세계와 밀접한 관계를 맺기 시작했다.

지중해 동쪽 에게해에 위치한 크레타 섬에는 기원전 3천~2천 년경부터 기원전 1500년경까지 미노아 문명이 꽃을 피웠다. 소아시아 출신 사람들

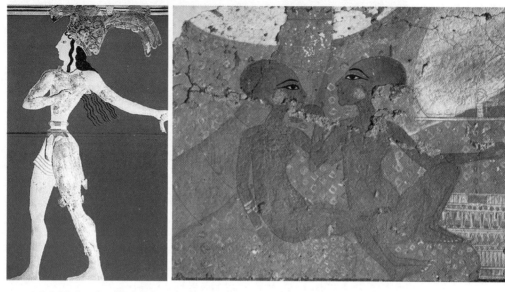

크노소스 궁정 벽화 중 〈백합의 왕자〉(왼쪽)는 이집트 벽화의 인물상과 유사하게 얼굴은 측면을, 상체는 정면을 보여준
다. 반대로 미노아 문명 양식은 이후 이집트 신왕국의 아마르나 양식에 영향을 미쳤다. 오른쪽은 아마르나 양식 〈아크나톤
의 두 딸들〉

이 건설한 미노아 문명은 청동기 문명의 교차로로서 동부 지중해 교역에
서 활발한 활동을 펼쳤다. 미노아 문명은 군사적 성격보다는 평화롭고 안
정적인 성격을 지녔다. 대표 유적인 크노소스 궁정 벽화는 이집트 문화의
영향을 강하게 받았다는 점을 보여주면서도 보다 경쾌하고 자유분방한
분위기를 연출하고 있다. 이들은 '선문자 A linear script A'라고 명명된 상형문
자를 남겼으나 아직까지 해독되지는 못하고 있다. 미노아 문명은 기원전
1500년경 화산 폭발과 발칸반도 북부에서 남하한 미케네인들의 침입 등
복합적인 요인들로 쇠퇴하기 시작했다.

　기원전 2500년경, 현재의 파키스탄 동부 펀자브 지방에 위치한 인더스
강에서도 비옥한 평야지대를 바탕으로 도시 문명이 발생했다. 이곳의 대
표 유적지인 하라파와 모헨조다로 유적지는 계획도시로 균일하게 정돈

인더스 문명 모헨조다로 유적지

된 포장도로와 수로, 공중목욕탕, 창고 등 청결하고도 정돈된 도시문화를 자랑한다. 왕궁의 흔적은 없지만 높게 축조된 신전 단지 유적은 이 사회의 지도층이 신관집단이었으리라고 추정하게 한다.

인더스 문명은 평화롭고 안정된 사회를 이루었던 것으로 보인다. 무기나 성채 등 전쟁과 관련된 흔적은 찾아보기 힘든 반면 교역과 관련한 유물들은 풍부하게 발견되었다. 인더스 문자가 기록된 인장이 메소포타미아 지역에서도 발견되었는데 이는 두 문명 간에 활발한 해상교역이 이루어졌다는 사실을 보여준다. 하지만 안타깝게도 인더스 문자는 아직까지도 해독되지 않아 문명의 구체적인 실상이 잘 알려져 있지 않다. 인더스 문명은 기원전 1800년경 쇠퇴하기 시작했다. 농토의 지력 고갈과 지진 같은 천재지변 및 이로 인한 수로 변경이 쇠퇴 원인으로 제시되고 있다.

중국에서는 기원전 8천 년경부터 신석기 시대가 시작되었으며 지리적으로 다양한 문화권을 이루고 있었다. 황허黃河 강 유역의 양사오仰韶 문화나 얼리터우二里頭 문화 외에도 랴오허遼河 강 유역의 홍산紅山 문화, 창장長江 강 유역의 량주良渚 문화 등이 대표적인 유적지를 자랑하고 있다. 각 문화권에서는 발굴된 다양한 제기와 제단들은 각 지역에서 제사장 중심의 정치권력과 정치조직이 형성되고 있었다는 점을 보여준다. 이 가운데 황허 중하류에 번성했던 얼리강二里崗 문화의 유물들은 신석기 시대에서 청동기 시대로의 이행을 보여주고 있다. 이는 얼리강문화가 후대의 기록으로만 전해지는 하夏 왕조일 가능성을 제기하지만 확정 지을만한 단서가 되지는 못하고 있다.

은허殷墟의 발굴로 역사적으로 실재했던 것으로 확인된 상商 왕조는 황허 문명의 본격적인 기원을 이룬다. 기원전 1600년경, 상은 전차라는 새로운 군사기술을 바탕으로 황허 강 중류에서 세력을 확장했다. 왕이 제사장으로서 권력을 장악했으며 점복과 제사가 통치에서 중요한 위치를 차지했다. 점의 내용과 결과를 기록한 갑골문은 한자의 원형이 되었으며 본격적으로 사용되기 시작한 청동은 제기와 무기 재료로 사용되었다. 순장제도나 화려한 무덤이 보여주듯이 초기 왕권은 강력한 모습을 보여주었으나 후대로 갈수록 지배층들 간의 내분과 투쟁이 빈번해지면서 왕권은 크게 위축되었다.

결국 웨이수이渭水 강 유역에서 발흥한 주周의 무왕武王은 기원전 1046년 다른 부족들과 연합해 상을 멸망시키고 황허 유역의 패권을 장악했다. 청동기에 새겨진 명문과 주를 이상화한 유가의 기록들은 주에 대한 많은 정보를 남기고 있다. 주는 왕을 정점으로 한 피라미드형 신분질서를 구축했으며 왕실 혈연 제후들에게 충성과 군역, 공납을 대가로 각 지방 영토를 분할·배분하는 봉건제를 실시했다. 이와 더불어 주 왕실에서는 친족 사이의 규범인 종법제가 발달했다. 덕치주의에 입각한 왕권 사상과 행정 제도 정비를 통한 관료제의 발달은 이후 유교를 통해 통치 이념의 기반을 이루었다.

황허 문명 이외에도 창장 강 유역에서도 독자적인 청동기 문명이 발전했다. 먼저 창장 강 하류의 우청吳城 문화는 얼리강 문화와 상의 영향을 받으면서도 독자적인 청동기 문명을 이루어냈다. 또한 창장 강 상류, 현재의 쓰촨성에 위치한 싼싱두이三星堆 문화는 황허 문명과는 확연히ㄴ 다른 독특한 청동기 문화를 이루었다. 싼싱두이 문화는 문헌기록을 남기고 있지는 않지만 청동으로 만든 거대 무사상과 가면, 독수리 두상 등의 유물과 도시 및 성곽 유적은 동아시아 문명 기원의 다원성을 입증한다.

4. 아메리카의 초기 문명

인류가 아메리카로 이주를 시작한 때는 빠르면 4만 년 전, 늦어도 2만 년 전이다. 해수면이 낮았던 빙하기에 현재의 베링 해협은 육지를 이루었고 중앙아시아 곳곳에 거주하던 인류는 기원전 1만 4천 년에 이르러 아메리카 곳곳에 뿌리를 내렸는데 이후의 발전 과정은 매우 다양했다. 기원전 9천 년부터 농경과 가축 사육이 시작되었으며 문명의 중심지가 되었던 곳은 현재의 멕시코 남부 해안가와 페루 서부 해안가 지역이었다.

아메리카 최초의 문명은 기원전 3200년경 페루에서 시작된 노르테 치코Norte Chico 문명이다. 카랄Caral과 아스페로Aspero 유적지로 대표되는 이 문명은 거대한 피라미드와 체계적인 도시계획의 흔적들을 남겨 놓고 있다. 특히 2600년 전에 세워진 카랄 유적지는 65만 제곱미터 규모의 거대 도시 복합단지로서 고도로 중앙화된 정치권력이 일괄적인 계획하에 막대한 노동력을 동원했다는 사실을 추측하게 한다. 하지만 중앙권력은 군사적이기보다는 신정적인 성격을 강하게 드러내고 있으며 사회 또한 계층화가 이루어지긴 했지만 전쟁과 폭력보다는 농업과 어업, 교역을 바탕으로 한 비교적 평화로운 성격을 지녔을 것으로 보인다. 정확한 이유는 알 수 없지만 기원전 1800년경 노르테 치코 문명은 쇠퇴했다. 이후 문명의 중심지가 남쪽으로 이동해 나가면서 잉카 문명으로 이어졌다.

중앙아메리카에서는 기원전 1600년경 거석 인두人頭상과 비취가면으로 유명한 올메카Olmeca 문명이 등장해 기원전 4백 년경까지 지속되었다. 인신공양과 종교체계, 상형문자와 달력의 발명 등으로 이후 등장하는 마야 문명 형성에 지대한 공헌을 했다. 올메카에서는 별도의 군대조직이나 사제계층이 존재했던 것으로 보이지는 않지만 몇몇 중심지들에 대규모의 인구집중이 이뤄졌을 것으로 추정된다. 또한 인근에서는 생산되지 않는 다양한 장식품 및 도구의 원재료들은 아메리카 자체의 교역망이 존재했다는 점을 알려준다.

올메카 문명 거석 인두상

5. 후기 청동기 시대 아프로유라시아의 대격변

기원전 1700~1500년경 동부 지중해부터 인도 북부에 이르는 지역에서

이집트 룩소르 카르나크 신전

는 스텝지역 유목민이었던 인도유럽어족_{아리아인}이 등장해 대격변이 발생했
다. 빠르고 위협적인 신무기인 전차를 몰고 온 이들은 먼저 메소포타미아
지역을 장악해 나갔다. 기원전 1590년경 카시트_{Kassite} 왕국이 바빌로니아
를 정복했고 메소포타미아 상류에는 미탄니_{Mitanni} 왕국이 성립되었다. 보
다 북쪽인 소아시아 반도 동쪽에는 철기를 본격적으로 사용했던 히타이
트_{Hittite} 왕국이 들어섰다. 이들로부터 영향을 받은 레반트 지역의 힉소스
_{Hyksos}족은 전차부대를 동원해 이집트를 침략해 일부 지역을 지배하기도
했다. 힉소스족을 몰아낸 이후 이집트는 억압적이고 호전적이며 팽창주
의적인 사회로 변화해 갔다. 대외 원정을 통한 약탈과 노예제가 일반화되
었고 테베_{Thebe[Luxor룩소르]}에는 카르나크_{Karnak}라 불리는 거대 신전단지와 파
라오의 납골당인 왕의 계곡이 조성되었다. 기원전 14세기 중반 파라오 아
멘호테프 4세_{Amenhotep IV[아케나톤Akhenaton]}가 태양신 아톤을 중심으로 한 일신

교를 창시하기도 했으나 전통적인 사제집단과 인민들의 저항으로 기존의 다신교가 복구되었다. 이들 왕국들은 레반트에서 메소포타미아에 이르는 비옥한 초승달 지대의 패권을 두고 수백 년간 서로 투쟁했다. 발칸반도에서도 히타이트인들과 유사한 생활방식을 보이던 미케네Mycenae인들이 남하하면서 세력을 확장했다. 거대한 성벽과 군사요새를 중심으로 전사귀족이 지배층을 이룬 미케네인들은 자연재해 등으로 취약해진 미노아는 물론 소아시아의 트로이도 정복했다.

이집트와 히타이트의 쇠퇴와 더불어 기원전 1100년경부터 레반트 지역에는 새로운 소규모 세력들이 등장했다. 대표 세력은 페니키아와 히브리인들이었다. 페니키아는 지중해 교역망을 형성하며 각지에 식민지를 개척하고 그리스 알파벳의 원형이 된 표음문자를 창안했다. 히브리인들은 다윗과 솔로몬 치세에 일신교를 중심으로 12부족을 통합하고 강력한 왕권을 확립하며 이스라엘 왕국을 건

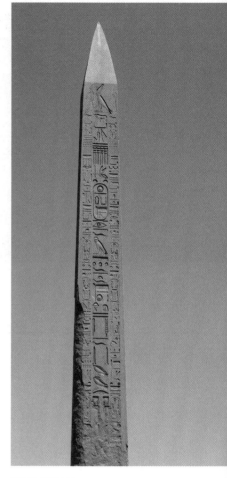

카르나크 오벨리스크

설했다. 같은 시기에 발칸반도에서는 미케네 문명이 쇠퇴하고 철제무기와 전차로 무장한 도리아Doria인들이 남하하기 시작했다. 이후 3~4백 년은 '암흑시대'라 불리는데 미케네 문자인 '선문자 Blinear script B' 기록이 소멸되어 사회 전반에 대한 파악이 힘들기 때문이다. 오직 호메로스의 서사시인 《일리아드》와 《오디세이》가 이 당시 사회 모습을 단편적으로 알려준다.

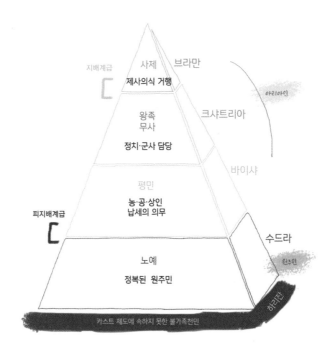

한편, 인도유럽어족의 남하는 인도 북부에서도 이루어졌다. 인더스 문명이 이미 쇠퇴한 이후인 기원전 1500년경 인도유럽어족은 갠지스 강 유역을 따라 원주민들을 정복하며 정착해 나갔다. 이들은 기원전 9백 년경부터 철기 농기구로 관개 시설을 확충하면서 농업 생산력을 높이고 벼농사를 시작했다. 종교 이외의 기록은 잘 남아 있지 않을 정도로 이들에게 종교는 사회체제 유지에 중요한 역할을 했던 것으로 보인다. 사제인 브라만의 권위와 종교의식을 중시하는 브라만교의 등장, 자연 현상을 신격화한 경전인 《리그베다》의 집필은 힌두교의 기반을 형성했다. 또한 카스트 제도가 성립되어 사회계급을 브라만사제, 크샤트리아전사, 바이샤자영농, 상인, 수공업자, 수드라하층 농민, 노예 등로 엄격히 구분했다.

2장 고대 서아시아와 지중해 세계

1. 아시리아, 바빌로니아, 아케메네스조 페르시아

기원전 1천 년 이후 메소포타미아 지역을 최초로 통일한 세력은 아시리아Assyria였다. 기원전 2천 년 전부터 메소포타미아 북부에서 독자적인 세력을 이루던 아시리아인들은 이민족과의 투쟁 과정에서 잔혹하고 호전적인 성격을 강화해 나갔다. 후기 청동기 시대의 급작스러운 붕괴를 견뎌낸 이들은 철제 무기를 사용하면서 기원전 9백~6백 년대에 강력한 제국으로 성장해 한때 이집트까지 정복했다. 이러한 억압적이고 호전적인 통치는 아슈르바니팔Ashurbanipal, 기원전 668-627 치세에 안정적이고 문화적인 통치로 변화했지만, 누적된 피정복민의 아시리아에 대한 적대감을 완화시키지는 못했다. 그의 사후 아시리아는 각 지역의 반란과 정치투쟁을 거쳐 리디아Lydia, 메디아Media, 신바빌로니아Neo-Babylonia, 이집트로 분할되었다.

위의 왕국들 중 가장 먼저 패권을 장악한 세력은 기원전 626년 아시리아의 폭압에 대한 봉기로 칼데아인들이 세운 신바빌로니아였다. 하지만 이들 또한 피정복민들에게 아시리아와 같은 호전적 정복과 가혹한 통치를 실시했다. 전성기를 이룬 네부카드네자르 2세Nebuchadnezzar II, 기원전 605-562는 히브리인들도 공격해 예루살렘을 파괴하고 이들을 바빌론에 오랫동

신바빌로니아 이슈타르의 문, 베를린 페르가몬박물관 소장

안 억류하기도 했다. 이 '바빌론 유수'는 히브리인들이 메시아와 구원을 중심으로 한 일신교를 형성하는 배경이 되었다.

한편, 메소포타미아 북동쪽의 이란 고원에는 인도유럽어족계 메디아가 세력을 확대해 나갔다. 그러나 얼마 후 내부 신흥세력인 아케메네스 가문의 키루스 2세Cyrus II, 재위 기원전 559-530가 메디아를 멸망시켰다. 이후 키루스 2세는 20여 년의 기간 동안 소아시아의 리디아와 메소포타미아의 신바빌로니아를 정복해 서아시아 최초의 대제국인 페르시아Persia를 건설했다.

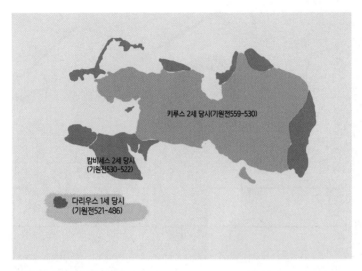

키루스 2세 당시(기원전559-530)

캄비세스 2세 당시
(기원전530-522)

다리우스 1세 당시
(기원전521-486)

아케메네스 왕조 페르시아의 팽창

그는 피정복민에 대한 억압과 노예화를 금지해 이들로부터 '해방자'라는 칭호를 얻었다. 또한 제국에 포섭된 여러 부족에 페르시아의 일방적 통치를 강제하기보다는 각각의 독자적 종교와 법률을 인정했다. 바로 이때 바빌론에 억류되었던 유대인들이 예루살렘 귀향과 성전 재건을 허락받을 수 있었다. 관용 정책은 다양한 인민들을 거대한 제국의 보편적 틀 안에 성공적으로 통합시킴으로써 2백 년에 걸친 페르시아 제국 통치의 근간을 마련했다.

키루스 2세를 계승한 캄비세스 2세Cambyses II, 기원전 530-522는 이집트까지 정복해 제국의 영토를 더욱 확장했다. 이후 다리우스 1세Darius I, 기원전 521-486는 키루스 2세의 관용정책을 유지하려 했지만 피정복 지역 각지에서 반란이 끊이지 않았다. 이에 그는 제국의 통합성을 증대시키려는 정책을 추진했다. 이에 20여 개의 속주에 '왕의 눈', '왕의 귀'라 불리는 감찰관을 파견했고 역참·도량형·화폐 제도를 정비했으며 소아시아 사르디스Sardis에서 수

아시리아 부조, 이집트 요새를 공격하는 아시리아 군대 모습을 보여준다. 영국 대영 박물관 소장

도 수사Susa를 연결하는 '왕의 길'을 건설했다.

이 당시 페르시아 너머 북부 스텝지역에는 기원전 7세기경부터 유목기마민족인 스키타이Scythai족이 등장했다. 기원전 680년대 아시리아의 쐐기문자에 처음으로 언급된 이들은 곧 흑해 북부에서 확장해 나가면서 페르시아의 북쪽 경계를 압박했다. 이에 기원전 512년에는 다리우스 1세가, 이후 기원전 339년에는 마케도니아의 필리포스 2세가 이들에 대한 원정을 감행하기도 했다. 결국 기원전 2세기에 이들은 또 다른 유목민인 사르마티아인에 흡수되면서 정체성을 상실해 갔다. 하지만 기원전 4세기경 이들이 꽃피운 황금문화는 살아남아 유라시아 스텝지역의 다른 유목민들에게도 전파되었고 한반도의 신라까지 영향을 미쳤다. 예를 들어 신라 금관은 황금이라는 재료는 물론, 장식 모양에 있어서도 스키타이 금관과 많은 유사점들을 보여주고 있다.

그리스 아테네 아크로폴리스에 위치한 파르테논 신전

2. 그리스 문명

암흑시대 이후 그리스 사회는 기원전 8백~7백 년경부터 다시 활기를 띠기 시작했다. 폭발적인 인구증가와 페니키아의 영향을 받은 교역 활동과 식민시 건설이 이루어졌다. 이와 함께 기원전 7백 년 전 소아시아의 리디아에서 시작된 화폐는 곧 지중해 전역으로 확대되었다. 이 당시에 고대 그리스의 전형적인 도시국가인 폴리스polis가 성장했다. 작은 규모를 유지하던 그리스의 폴리스는 참주정, 과두정, 민주정 등 다양한 정치 체제들을 지니고 있었다. 스파르타에서는 소수의 지배층인 호전적인 도리아인이 다수의 미케네인을 예속민으로 삼고 강압 통치를 실시했다. 반면 아테네는 도리아인을 방어하기 위해 조직된 미케네인의 부족연합에서 출발했다. 특히 상공업이 발전한 아테네에서는 부유해진 평민들이 중장갑 밀집보병대를 조직해 전쟁에서 혁혁한 공을 세우면서 평민의 참정권과 채무노예 금지를 요구했다.

아테네에서 귀족과 평민 간 갈등이 증대되자 기원전 6세기 초 솔론Solon이 양자를 중재하는 정책을 실시했으나 실패했고 민중의 인기영합에 힘입은 페이시스트라토스Peisistratos가 참주로 권력을 장악하기도 했다. 하지만 그의 사후 참주정은 몰락했고 6세기 말 클레이스테네스Cleisthenes의 개혁이 이루어졌다. 이에 따라 아테네는 귀족들의 영향력을 유지시켰던 혈연 중심의 부족제를 폐지하고 인위적인 행정단위로 전 지역을 재편해 이를 토대로 다양한 지역출신들이 500인 평의회를 구성했다. 또한 도편 추방제로 참주의 등장을 미연에 방지하고자 했다. 이 당시 아테네에는 귀족파와 평민파가 주요한 정치파벌로 갈등했으며 이는 대외정책으로도 이어졌다. 과두정을 지향하는 귀족파는 친스파르타 노선을, 민주정과 해상교역을 지향하는 평민파는 친페르시아 노선을 따랐다.

그러나 다리우스 1세 치세에 소아시아와 에게 해에서 페르시아 세력이 더욱 팽창하자 테미스토클레스Themistocles처럼 반 페르시아 노선을 지지하는 평민파가 등장했다. 이는 특히 기원전 499년에 발발한 이오니아 도시들의 반란과 이에 대한 페르시아의 진압 이후 가속화되었다. 소아시아 서부 해안가인 이오니아에는 그리스인들이 많은 폴리스를 건설했지만 정치적으로는 페르시아의 지배하에 있었다. 이중 밀레토스가 무리한 대외원정을 감행했다가 실패한 후 황실에 채무를 갚지 못하게 되자 반란을 일으키고 아테네와 스파르타에게 군사 원조를 요청했다. 페르시아군은 곧 반란을 진압한 후 반란군을 도와준 아테네를 응징하고자 했다.

페르시아는 기원전 492~479년 동안 세 차례에 걸쳐 대군을 이끌고 그리스 원정을 단행했다. 하지만 아테네와 스파르타를 중심으로 한 그리스 동맹군의 격렬한 마라톤 전투, 테르모필레 전투, 살라미스 해전 등과 페르시아 내부의 반란으로 원정은 도중에 중단될 수밖에 없었다. 전후 아테네에서는 페리클레스Pericles의 개혁이 이루어지면서 급진적 민주정이 시행되었다. 모든 남성 시민이 참여하는 민회의 권한이 확대되었고 수당제와 관직추첨제는 일반 시민의 정치참여를 더욱 활발하게 만들었다. 또한 파르테논 신전 등 각종 건축물 설립과 도시 정비가 이루어지면서 아테네는 최전성기를 맞이했다. 하지만 이러한 아테네의 번영은 주변 폴리스에 대한 가혹한 착취를 통해 가능했다.

페르시아를 막아낸 그리스 세계는 곧 아테네를 중심으로 한 델로스 동맹과 스파르타를 중심으로 한 펠로폰네소스 동맹으로 분열되었다. 해상 교역 확대를 추구하는 아테네의 팽창주의는 농업 중심의 보수적인 스파르타를 수차례 자극했다. 결국 기원전 431~404년에 양 동맹 사이에는 펠로폰네소스 전쟁이 잔혹하게 진행되었다. 이때 여전히 건재했던 페르시아는 양자 간의 싸움을 더욱 부추겼으며 아테네를 궁지에 몰기 위해 스파르타를 지원하기도 했다. 전쟁에서 승리한 스파르타가 그리스 세계에 가혹한 통치를 펼치자 반스파르타 동맹이 결성되어 다시 한 번 전쟁이 발발했다. 이때 페르시아는 거꾸로 반스파르타 동맹을 지원해 스파르타를 궁지로 몰았다. 펠로폰네소스 전쟁 이후 그리스 세계는 모든 활력을 소진했다. 반면 페르시아는 주기적인 반란과 왕위계승 분쟁에 시달리긴 했지만 여전히 제국을 유지했다.

3. 알렉산드로스 제국과 로마 공화정

아테네와 스파르타가 모두 쇠락한 이후 테베가 일시적으로 그리스 세계의 패권을 잡았지만 10년을 넘기지 못했다. 이러한 상황에서 그리스 세계 북부에 위치했던 마케도니아 왕국의 필리포스 2세Philippos II, 기원전 359-336가 강력한 왕권을 바탕으로 그리스 세계를 장악했다. 테베의 새로운 전술과 아테네 문화를 적극 수용한 그는 부유한 자영농 및 상공업 계층을 후원해 지지기반으로 삼고 귀족 외에도 다양한 계층들로 이루어진 군대를 조직했다. 마케도니아 세력 확대는 그리스 세계의 저항으로 이어졌으나 아테네와 테베를 주축으로 한 그리스 군은 일련의 전투에서 패배했고, 마케도니아는 기원전 337년 헬레네스 동맹을 체결해 자신의 패권을 확고히 했다.

권력을 공고히 한 필리포스 2세는 페르시아 원정을 준비했으나 지배층 내의 갈등으로 암살당했다. 그의 뒤를 이은 알렉산드로스 3세기원전 336-323는 즉위 초에 발생한 각 지역의 반란을 신속하게 진압한 후 부왕이 준비했던 페르시아 원정을 추진했다. 사실 필리포스 2세는 소아시아 영토 획득만을 원정 목표로 삼았다. 하지만 알렉산드로스 3세는 전 페르시아를 정복해 황제가 되고자 했다.

기원전 334년 원정을 시작한 알렉산드로스 3세는 기원전 330년 페르시아의 수도와 중심부를 장악하고 다음 해에는 페르시아 동부 전역을 정복했다. 각 부족의 자율성을 존중한 느슨한 제국의 통치체계와 전쟁에는

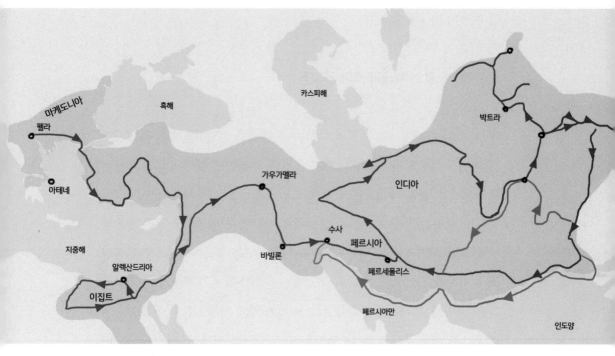

알렉산드로스 원정로

미숙했던 황제 다리우스 3세의 페르시아 제국은 마케도니아군의 뛰어난
전술과 알렉산드로스 3세의 야심 앞에 무너졌다. 페르시아 황제가 된 알
렉산드로스 3세는 계속 동진해 기원전 326년 인도를 침공했으나 무리한
원정에 반대하는 군의 반발로 회군했고, 다시 원정을 준비하다 병사病死
했다. 전 세계를 정복해 자신의 권력 아래 단일한 통일 제국을 만들려던
그의 이상은 부족 및 종족 간 차별 철폐와 혼인 정책, 알렉산드리아라는
이름의 동질적인 도시 건설로 구현되었다. 그의 원정은 그리스 문화의 경
계를 동쪽으로 확대시키는 계기이자 제국 체제를 유럽사회에 도입한 원
천이었다. 알렉산드로스 3세 사후 그의 제국은 친척 및 부하장군들에 의

해 에페이로스, 마케도니아 안티고노스 왕조, 이집트 프톨레마이오스 왕조, 시리아 셀레우코스 왕조 등으로 분할되었다.

그리스-페르시아 전쟁에서 알렉산드로스 3세의 페르시아 정복에 이르는 기간 동안 이탈리아에서는 로마가 성장해 나갔다. 기원전 8세기 테베레 강 하류에 작은 도시국가로 출발한 로마는 에트루리아 출신 왕의 지배를 받았다. 하지만 기원전 6세기 말에 이민족 왕을 몰아내고 귀족과 평민으로 이루어진 공화정Res publica을 수립했다. 실질 권력은 원로원 중심의 귀족세력이 장악하고 있었지만 아테네에서처럼 부유한 평민들로 이루어진 중장갑 밀집보병대의 역할이 커지자 평민들의 참정권 요구가 거세졌다. 기원전 5세기 초에서 3세기 초까지 로마 역사는 평민의 참정권 확대와 이탈리아 내 영토 팽창이라는 두 축을 중심으로 전개되었다. 법으로 제정된 평민의 정치·사회적 지위 향상과 시민군의 강화 및 승전은 로마가 지중해 전역을 재패할 때까지 상승작용을 맺으며 지속되었다.

기원전 3세기 초 지중해 지역에는 세 세력 간의 긴장관계가 형성되었다. 먼저 알렉산드로스 3세의 사촌으로 에페이로스와 마케도니아의 왕인 피로스Pyrrhos가 지중해 재패를 꿈꿨다. 이탈리아에서는 로마가 팽창해 나갔고 아프리카 북부에서는 페니키아 식민도시로 출발한 카르타고가 해상세력으로 크게 성장했다. 이탈리아 남부와 시칠리아에 정착한 그리스인들은 각각 로마와 카르타고의 위협을 받았고 이는 기원전 280년 피로스 원정의 빌미가 되었다. 하지만 기원전 272년 피로스는 로마와 카르타고에게 국력만 소진한 채 철군했고, 이탈리아 남부는 로마에, 시칠리아 남부는 카르타고에 복속되었다.

하인리히 로이테만, 알프스를 넘는 한니발의 코끼리 부대, 포에니 전쟁의 일부 (19세기, 뮌헨 일러스트레이션 박물관)

4. 로마 제국과 파르티아 제국

기원전 264년 서부 지중해 지역의 패권을 두고 로마와 카르타고 간의 전쟁이 발발했다. 세 차례에 걸쳐서 발생한 로마-카르타고 전쟁, 일명 포에니 전쟁은 카르타고의 파괴로 끝났다. 동시에 로마는 기원전 215년부터 동부 지중해의 패권을 두고 마케도니아와도 세 차례에 걸쳐 전쟁을 벌여 마케도니아는 물론 그리스까지 장악했다. 기원전 146년 두 전쟁이 모두 막을 내리자 로마는 지중해 전역을 장악하게 되었다. 나아가 기원전 133년에는 소아시아 서부에 위치한 페르가몬 왕국을 병합함으로써 로마의 영토는 유럽, 아프리카, 아시아 세 대륙에 걸쳐 급격히 팽창했다.

하지만 이는 로마에 새로운 문제를 야기했다. 먼저 거대한 토지를 독차지한 귀족과 장기간의 참전으로 경제적 기반을 잃은 평민들 간에 경제적 양극화가 심화되었으며 시민군 체제가 흔들렸다. 다음으로 귀족들이 가문과 파벌의 이득에 따라 정치권력과 전쟁만을 쫓으면서 공화정 체제의 근간이 부식되어 갔다. 이에 호민관이었던 그라쿠스Gracchus 형제는 평민들의 경제 기반을 보장해 시민군 체제를 회복하기 위한 정책을 펼쳤으나

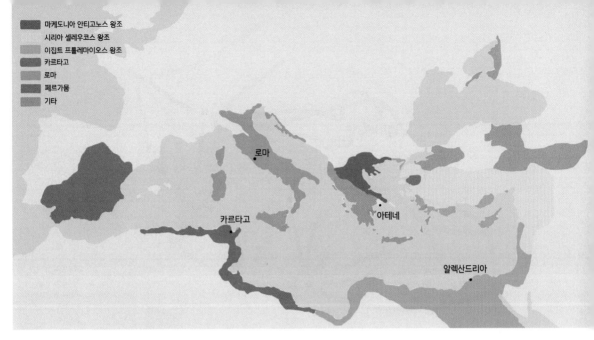

마케도니아 안티고노스 왕조
시리아 셀레우코스 왕조
이집트 프톨레마이오스 왕조
카르타고
로마
페르가뭄
기타

로마

카르타고

아테네

알렉산드리아

218년경 지중해 지역(제1차 포에니 전쟁 직후)

귀족들의 저항으로 실패하고 말았다. 평민들의 빈민화와 귀족 파벌의 확대는 군벌 세력의 등장으로 이어졌다. 이들은 빈민들을 군대로 고용해 자기 세력을 확대하면서 정치에 깊이 개입하기 시작했다. 마리우스Marius, 술라Sulla, 폼페이우스Pompeius, 카이사르Caesar 등 무력을 거느린 군인 정치가들은 공화정을 잠식하며 독재체제를 구축하기 시작했다. 이들 간에 벌어진 내전이 기원전 30년 옥타비아누스Octavianus에 의해 종식되자 로마는 제정 체제로 이행하기 시작했다.

명칭 상으로는 여전히 공화정을 유지했지만 옥타비아누스는 로마의 재정과 군대를 독점해 로마의 모든 권력을 장악했다. 한정된 임기로 전쟁 지역에만 설치되었던 '최고명령권자imperator'라는 관직은 이제 종신으로 로마 전역을 다스린다는 황제를 의미했다. 제국으로 변신한 로마에서 황제권은 정치·경제·사회 등 모든 영역의 중심을 이루었다. 전쟁을 통한 제국의 영토 팽창 및 전리품과 노예 획득을 통한 약탈 경제가 제국의 근간을

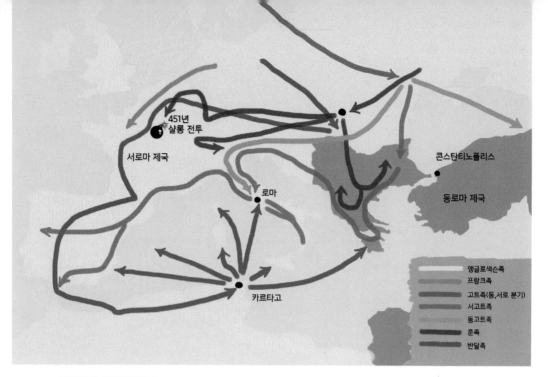

앵글로색슨족
프랑크족
고트족(동,서로 분기)
서고트족
동고트족
훈족
반달족

451년
샬롱 전투

서로마 제국

콘스탄티노폴리스

로마

동로마 제국

카르타고

로마 제국 내 게르만족의 이동

이루었다. 이렇게 해서 2세기 말까지 로마는 경제 번영과 정치 안정을 누리며 이른바 '로마의 평화Pax Romana'를 누렸다. 수백 년에 걸친 기간 동안 로마 제국은 서유럽에서 소아시아와 레반트에 이르는 다양한 지역들에 통일된 건축과 법률을 통해 제국의 통일성을 확보했다.

　로마 제국이 팽창하는 동안 동쪽의 서아시아 지역에서는 시리아의 셀레우코스 왕조가 쇠퇴하고 파르티아Parthia가 영토를 확대했다. 파르티아는 기원전 247년 스키타이 출신이면서 페르시아 문화를 받아들인 유목민인 아르사케스 왕조安息國를 중심으로 이란 고원 동북쪽의 작은 왕국에서 시작했다. 기원전 2세기에 급격하게 영토를 팽창하며 서아시아의 패권자로 자리매김했다. 파르티아는 로마에서 한漢에 이르는 동서교역로 상에 위치해 경제적 이득을 취했으며 헬레니즘 문화와 페르시아 문화가 어우러진 다신교 사회를 이루었다. 그러나 흉노, 쿠샨과 같은 동쪽의 중앙아시아 세력과, 특히 서쪽의 로마 제국과도 끝없이 투쟁해야 했다. 113년 로마군이 파르티아에 침략했을 당시 파르티아에는 한漢 사절단도 있었으나 양자 간의 조우는 이루어지지 못했다. 이후 파르티아는 지속적인 로마와의 전쟁과 내부 갈등으로 국력을 소진했고 결국 224년 신흥 사산 왕조에 멸망 당했다.

　로마 제국 또한 3~4세기에 위기에 직면했다. 수차례 내전으로 이어진 황제권을 둘러싼 유력자들 간 투쟁, 한계에 다다른 영토 팽창과 인근 세력들과의 끝없는 전쟁은 제국의 질서를 두 세기에 걸쳐 부식시켰다. 이는 경제 질서 쇠퇴와 사회 경직화로 이어졌다. 통치의 효율성을 위해 4황제 체제도 시도되었으나 내전만 초래했다. 혼란을 수습한 콘스탄티누스 황제Constantinus, 306-337가 기독교 공인과 콘스탄티노폴리스 천도와 같은 다양한 쇄신 정책들을 펼쳤으나 제국의 쇠퇴는 피할 수 없었다. 결국 테오도시우스Theodosius, 379~395 황제 사후 제국은 동·서로 분할·고착되었다.

　4세기 초 게르마니아 지역의 다양한 부족들은 중앙아시아에서 서진한 훈족의 압박을 피해 서로마 제국으로 이주해 왔다. 서고트족이 로마를 함락하는 위기 상황이 펼쳐지기도 했지만 대체로 이민족들은 자치권을 보장받는 대신 로마 황제에 대한 충성과 군사 지원을 약속하며 제국 곳곳에 정착했다. 실제로 451년 훈족이 서로마를 침략했을 때 로마-게르만 연합군은 현재 프랑스의 샬롱Chalons 지역에서 훈족에 대승을 거두며 서로마 제국을 방어했다. 그러나 이후 서로마 제위를 둘러싼 장군들 간의 투쟁이 격화되었다. 결국 476년에 시작된 공위상태가 지속되면서 서로마 제국은 소멸되고 이민족 왕국들만 남게 되었다. 반면 동로마 제국은 이후로도 약 1천 년 동안 지속되었다.

5. 그리스 문화의 확산과 기독교의 등장

지중해 동부는 다양한 문화들이 교차하고 변화하는 곳이었다. 눈여겨볼 것은 페르시아 제국 문화의 보편적 관점과 그리스 문화의 인간중심적 관점의 등장, 그리고 양자 간의 혼합이었다. 페르시아에서는 세계를 선의 신과 악의 신 사이에 투쟁이 벌어지는 곳으로 본 조로아스터교가 크게 번성했다. 최후의 심판, 천국과 지옥, 구세주의 출현, 죽은 자의 부활 등과 같은 내세관은 이후 유대교와 기독교, 이슬람교에도 큰 영향을 미쳤다. 특히 조로아스터교는 모든 인간의 윤리적 보편성을 강조함으로써 왕이나 지배층에 대한 종교적 정당화나 신격화를 거부하기도 했다. 이와 달리 그리스 폴리스에서는 세상을 인간 중심의 관점에서 바라보는 태도가 발전했다. 인간에 빗댄 신화를 창출한 그리스인들은 희·비극과 조각을 통해서 내세보다도 현실을 살아가는 다양한 인간군상의 모습들과 그 개성에 관심을 보였다.

페르시아와 그리스가 문화적 교집합을 이루는 이오니아 지역에서는 이러한 두 문화의 영향으로 인간 중심적이면서도 보편성을 추구하는 새로운 문화 풍토가 창출됐다. 인간의 관점에서 보편성을 찾고자 하는 노력은 '언어' 또는 '이성'을 뜻하는 '로고스logos' 중심의 학문 활동, 즉 철학과 역사서술로 나아갔다. 이오니아 학파로 대변되는 철학은 만물의 기원과 원리를 찾고자 했고 헤로도토스Herodotos로 대표되는 역사서술은 인간사에서 신화를 걷어내고 모두가 납득할만한 설명을 추구했다. 이오니아의 철학과 역사서술은 이후 소크라테스Socrates와 플라톤Platon, 투키디데스Thucydides가 보여주듯 5세기 말 아테네로 계승되어 크게 발전했다. 이후 4

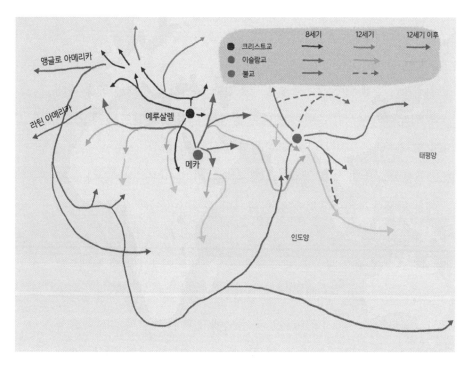

종교의 전파

세기에 활동했던 마케도니아 출신의 아리스토텔레스Aristoteles는 그리스 철학의 다양한 분야를 집대성해 이후의 이슬람교와 기독교 문화에 지대한 영향을 미쳤다.

알렉산드로스 제국 이후 수 세기에 걸쳐 그리스부터 인도에 이르는 지역에는 경제·문화 교류가 활성화되었다. 그리고 이는 다시 인도에서 중국에 이르는 교역로와 이어져 유라시아 실크로드*를 형성하기도 했다. 이를 바탕으로 다종족·다문화로 구성된 알렉산드로스 제국 및 이후의 제국 체제는 헬레니즘Hellenism이라 불리는 새로운 문화 경향을 만들었다. 사상적 차원에서는 세계시민주의cosmopolitanism와 스토아·에피쿠로스학파와 같은 개인주의 철학이 등장했다. 전자는 보편적인 제국 내에서 상이한 신민들 간의 동등성과 문화 개방성을, 후자는 정치와

* 실크로드, 즉 비단길은 이후 육상을 통한 주요 경로 외에 해상을 통한 동서 교역로 전반에 대해 실크로드라는 이름을 사용하게 되었다. 이 실크로드를 통해 주요 품목인 실크를 비롯해 종교(특히 불교), 철학, 종이, 화약 등 과학 기술의 교류가 전개되었다. (62쪽 참조)

유리된 개인의 행복과 안분자족을 강조했다. 로마가 동부 지중해를 재패한 후 헬레니즘 사상은 로마에 지대한 영향을 미쳤다. 이집트 알렉산드리아의 도서관에는 서아시아와 유럽에서 유입된 방대한 지식들이 축적되었고 천문학과 수학, 의학 분야에서도 실용적인 발전이 이루어졌다. 조각 등 예술 작품에서는 격정적인 감정 묘사와 육감적인 인체 표현이 특징을 이루었다.

알렉산드로스 사후 분할된 제국에서 소아시아 지역을 차지한 셀레우코스 왕조와 인도의 마우리아 왕조와 충돌하고 교류하는 과정에서 불교가 그리스 및 서아시아까지 전파되었다. 유럽에 전파된 내면의 각성과 초월을 향한 수도와 고행의 문화는 기독교와 만나 수도원 문화를 형성했다. 기독교는 기원후 1세기에 유대교에서 예수의 가르침을 중심으로 발전한 신흥종교였다. 초기에 기독교는 유일신 사상에 따른 황제숭배 및 군복무 거부로 인해 다신교 사회인 로마에서 온갖 박해를 받았다. 그럼에도 로마 제국 말기에는 다양한 분파를 형성하며 크게 확산되어 갔다. 313년 콘스탄티누스 황제가 기독교를 공인하자 여러 분파들 중 세계시민주의에 입각한 사도 바울의 입장이 제국에 적합한 해석으로 채택되었다. 기독교는 4세기 말 로마 제국의 국교로 결정되면서 탄압받던 종교에서 탄압하는 종교로 변해 갔다. 여러 분파들 중 성육화와 삼위일체를 주장하는 아타나시우스파가 '보편적인catholicos' 정통교리로 확정되었고, 그리스 철학을 바탕으로 교리가 정교하게 체계화되었다. 하지만 대중적으로 확산되기 위해서는 파르티아에서 전래된 미트라교 등 로마사회의 다양한 신앙들과 타협하며 이를 흡수할 수밖에 없었다. 이는 수많은 축일들과 성자들로 변형되어 기독교에 통합되어 갔다.

3장 고대 인도와 동아시아 문화

1. 인도 마우리아왕조와 중국 춘추전국시대

기원전 4세기경, 찬드라굽타Chandragupta는 난다Nanda 왕조를 무너트리고 마우리아Maurya 왕조를 창건했다. 그는 셀레우코스 군의 침략을 격퇴하고 오늘날 아프카니스탄의 일부인 페르치스탄 지역을 할양받아 화친조약을 맺었다. 최초로 인도 전체를 통일한 마우리아 왕조는 페르시아 제국의 속주 지배방식을 모방해서 중앙집권적 관료제·감찰제·엄격주의 등을 채용해서 전제 군주제를 강화했다.

찬드라굽타의 손자인 아소카Asoka 왕 시대에는 남부 칼링가Kalinga 지역을 제압해서 그 영토가 최대에 달했다. 아소카 왕은 기원전 5세기경 싯다르타 고타마Siddhārtha Gautama에 의해 창시되어 마가다Magadha, 현 인도 북동부 지역 왕국을 중심으로 성장한 불교에 귀의해서 정치를 불법다르마의 실천에 두고 관용주의 및 빈민구제정책을 펼쳤다. 그리고 각지에 불탑을 세우거나 불교의 교리를 새긴 돌기둥 석주를 세워 불교 전파에 힘썼으며, 불교 경전을 체계적으로 정리해서 성문화했다.

아소카 왕 사후 마우리아 왕조는 급격히 쇠퇴해 기원전 2세기 슝가Sunga 왕조가 들어섰으며 기원전 1세기 중엽에는 칸바Kanva 왕조가 들어섰다. 이

불교의 우주관을 상징적으로 표현한 인도 산치대탑

때 남인도의 트라비다족 세력이 번성해져 그동안 마우리아 왕조에 복속되었던 칼링가가 독립했다. 당시 데칸 고원에서 남인도에 있던 안드라Andhra, 촐라Chola 왕조는 해상무역으로 번영했으며, 실론Silon 섬은 소승불교의 일대 중심지가 되었다.

한편, 기원전 8세기경 주周의 봉건적 지배 질서는 왕실과 제후국 사이의 혈연적 유대가 약해지면서 무너져 갔다. 각 제후국이 경쟁하는 가운데 산둥山東지역의 제齊와 산시山西지역의 진晉은 주 왕실을 능가할 만큼 거대한 세력으로 성장했다. 서북 변경 유목민족의 거듭되는 침입 역시 주의 질서를 크게 위협했다. 마침내 '견융犬戎' 족의 침략을 받아 주 왕조는 관중의 호경鎬京에서 중원의 뤄양洛陽으로 천도했는데, 호경 시대를 서주西周,

촐라 왕조 유산

뤄양 시대를 동주東周라고 한다. 동주시대는 다시 주나라가 뤄양으로 천도해서 강력한 제후국인 진晋이 분열되는 기원전 403년까지를 춘추시대라고 하고 그로부터 진秦에 의해 전국이 통일되는 기원전 221년까지를 전국시대로 구분한다.

춘추시대 각 제후국은 예전 그대로 주 왕실을 섬기면서도 중원의 패권을 둘러싸고 치열하게 경쟁하는데, 제濟 환공桓公, 진晋 문공文公, 초楚 장왕莊王, 오왕 합려闔閭와 부차夫差, 월왕 구천句踐을 '춘추오패'라고 한다. 이 시대는 '도시국가' 형태에서 '영역국가'로 변화해서 사람들의 생활권이 종래의 도시를 연결하는 형태로 확대된다. 전국시대는 한·위·조·제·초·연·진 '전국칠웅戰國七雄'이 경쟁했는데, 그중 상앙尙鞅을 등용해 부국강병에 성공한

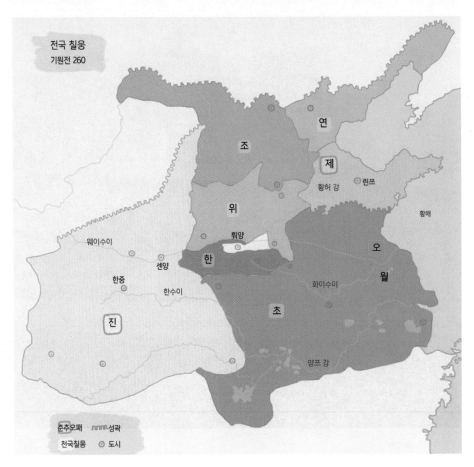

전국 칠웅
기원전 260

연
조
제
위
한
오
월
초
진
황허 강
뤄양
웨이수이
센양
한중
한수이
화이수이
린쯔
황해
양쯔 강

춘추오패 성곽
전국칠웅 ◎ 도시

춘추전국시대, 춘추오패와 전국칠웅

진이 기원전 221년 마침내 전국 통일의 위업을 달성했다.

춘추전국시대는 철제 농기구와 우경牛耕 등 새로운 농업기술의 보급으로 생산력이 비약적으로 발전해서 '씨족' 단위의 경영방식에서 '가족' 단위의 경영방식으로 변화했다. 각 제후국은 중앙과 지방의 관료행정 체제를 정비하고 부국강병에 힘썼으나, 토지 지배를 둘러싼 제후와 귀족 간의 대립이 빈번하게 발생했다.

춘추전국시대는 사회·경제·정치의 거대한 변화 속에서 많은 사상가들이 다양한 학설을 주장했는데, 이를 제자백가라고 한다. 그중 유가는 공자의 학설을 중심으로 인仁과 예禮에 의거한 중국 도덕 정치의 기틀을 마

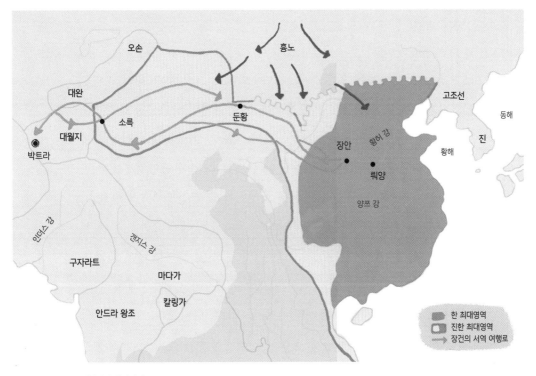

진한시대 최대영역

련했으며, 묵가墨家는 무차별적 사랑인 '겸애兼愛'와 '비공非攻'을 설파했다. 도가道家는 무위자연無爲自然을 논하면서 만물이 생성·발전·소멸해 가는 자연 원리에 따를 것을 강조했다. 법가法家는 유가의 예 대신 법을 중시했다. 진나라는 전국시대를 통일한 이후 법가를 제외한 모든 사상을 통제했다.

2. 진·한 제국 시대

중국 대륙의 서북 변경에 위치한 진秦은 중앙집권적 체제를 확립하고 부국강병책을 실시해 신흥강국으로 급부상했다. 진왕 영정嬴政은 법가의 재상 이사李斯를 등용해 통일정책을 적극 추진해 기원전 221년 중국을 통일했다. 중국 최초 통일국가의 탄생이다.

진왕 영정은 스스로를 천하를 통일한 위대한 제왕이라는 의미에서 '황제'라 칭했다. 시황제는 최초의 황제라는 의미로 그의 사후 내려진 시호다. 그리고 짐朕, 조詔 등 황제 전용 용어를 정해 자신의 신성성을 강조했다. 수도 함양현 시안 부근에는 거대한 궁전아방궁을 건설해 황제의 권위를 과시했다. 지방행정제도로는 전국을 군과 현으로 나누어 중앙정부에서 관리를 파견해 다스리는 '군현제郡縣制'를 실시했는데, 한반도에도 영향을 미친 이 제도는 중앙집권적 황제지배체제를 유지하는 데 중요한 기능을 했다. 그리고 행정업무를 원활하게 하기 위해 문자 및 도량형度量衡, 화폐를 통일했다. 사상 면에서는 법가 이외의 서적을 금지하고 유학자들을 숙청한 '분서갱유焚書坑儒' 사건을 통해 언론을 통제하고 탄압했다. 또한 자신의 능묘인 진시황릉과 병마용을 조성하고 만리장성을 수축하는 등 대토목공사를 단행했다. 이는 인민의 혹사를 가져와 진나라가 멸망하는 중요한 원인이 되었다. 결국 진은 진시황제 사후 진승陳勝·오광吳廣의 난으로 통일한지 15년 만에 멸망했다. 그러나 이후 등장하는 중국 왕조의 통일 정치는 대체로 진을 계승했다. 오늘날 차이나China라는 명칭은 진에서 기원한 것이다.

진 멸망 후 천하의 패권을 다툰 것은 초楚 항우項羽와 한漢 유방이다. 초기에는 귀족 출신의 항우가 우세했지만, 농민 출신의 유방이 기원전 202년 마침내 한을 건국하고 황제에 즉위했다. 이해는 서방에서 로마가 카르타고를 격파하고 지중해 패권을 장악한 시기로 동방의 한 제국과 서방의 로마 제국이 우연하게도 같은 해에 등장한다.

전한은 진의 실패를 거울삼아 직할지에는 군현제를 채용하면서도 동시에 일족과 공신에게 영토를 주어 다스리게 하는 군국제를 시행했다. 그러나 오초칠국吳楚七國의 난 이후 중앙집권화를 가속화해서 무제武帝, 재위 기원전 141~기원전 87 시기에는 전국에 군현제를 실시해서 중앙집권체제를 확립했다. 무제는 강력해진 중앙권력을 바탕으로 적극적인 팽창정책에 나서 흉노를 정벌해 서역의 오아시스 국가를 지배했다. 또한 베트남 북부 지역을 장악하고, 동방으로는 고조선을 침략해서 낙랑樂浪·임둔臨屯·진번眞番·현도玄菟 등 한사군을 설치해 대제국을 구축했다.

무제는 동중서董仲舒의 헌책獻策을 받아들여 유학을 관학화하고 전한 제국의 전성기를 구가했지만, 장기간에 걸친 대외원정 등으로 국가재정은 궁핍해졌다. 이를 극복하기 위해 염철 전매 등을 실시했지만, 이것이 농민의 생활을 압박하면서 사회불안이 증대되었다. 무제 사후 정치는 외척과 환관에 의해 좌우되었는데, 8년 외척 왕망王莽이 제위를 찬탈해서 '신新'을 건국했다. 왕망은 유교적 이상사회를 구축한다는 명분하에 모든 토지를 국유화한 후 농민에게 분배하고 노비 매매를 금지하는 등 급진 개혁에 나섰으나 호족의 반발에 부딪혀 오히려 사회 혼란을 가중시켰다. '신'은 15년 만에 각지에서 일어난 반란으로 무너지는데, 이후 혼란을 수습하고 뤄양을 도읍으로 해서 한 왕조를 재건한 인물이 후한 광무제 유수劉秀다.

후한은 1세기 전반 남으로는 베트남 교지交趾의 반란을 진압하고 북으로는 남흉노를 복속시켰다. 57년 광무제는 왜倭의 노국奴國 사신에게 '한왜노국왕漢倭奴國王'이라는 금인金印을 하사했다. 1세기 후반에는 대진大秦, 로마 제국에 사절을 파견했으나 파르티아현 시리아에서 귀국했다. 166년에는 로마 제국 황제 안토니누스大秦王 安敦가 보낸 사신이 현 베트남 중부에 이르렀다고 한다. 이 사신의 진위여부는 명확하지 않지만 한과 로마 제국이 동남아시아 해상루트를 통해 상아, 코뿔소의 뿔, 바다거북의 일종인 대모玳瑁를 교류했을 것으로 보인다. 전한과 후한은 4백 년에 걸쳐 중국 역사상

가장 장수한 왕조로 군림한다. 오늘날 한족, 한자, 한문 등과 같이 중국을 상징하는 말이 된 '한漢'은 바로 한 왕조에서 유래한다.

3. 흉노와 비단길의 개척

흉노는 기원전 4세기부터 5세기까지 몽골 및 중국 북부 지역에 존재한 유목제국이다. 훈족과 같은 민족으로 간주되기도 하지만, 명확하지는 않다. 전국시대 이래 중국은 흉노족의 침입을 막기 위해 북방 변경에 성벽을 구축했는데, 막대한 비용과 노동력을 투입할 정도로 흉노족의 침략은 매우 심각했다. 한 고조 유방은 흉노를 정벌하기 위해 몸소 대군을 거느리고 출전했으나, 묵돌선우冒頓單于가 거느리는 흉노족에게 포위되었다가 겨우 풀려났다. 이후 한은 흉노와 형제 관계를 맺고 우호 관계를 유지했지만, 그 대가로 매년 많은 양의 공물을 바쳐야 했다. 한과 흉노의 우호 관계는 무제에 이르러 급변한다. 무제는 흉노와의 화친조약을 방기하고 흉노 정벌을 결심한다.

무제는 흉노를 정벌하기 전 흉노와 원한 관계가 있던 대월지大月氏와 동맹 관계를 맺기 위해 사신을 파견했다. 바로 비단길의 개척자로 유명한 장건張騫이다. 그는 기원전 139년 대월지와 동맹 관계 체결을 위해 긴 여행길에 나섰다. 대월지는 한때 흉노 족장의 아들을 인질로 잡아 두는 등 북방에 거대한 세력을 구축한 적도 있었으나 흉노에 밀려서 파미르고원을 넘어 서쪽으로 이동했다.

장건은 대월지로 가는 도중 흉노족에게 잡혀 10여 년간 체류하다 탈출해 마침내 대월지에 도착했다. 그런데 대월지는 새로운 지역에 정착해 박

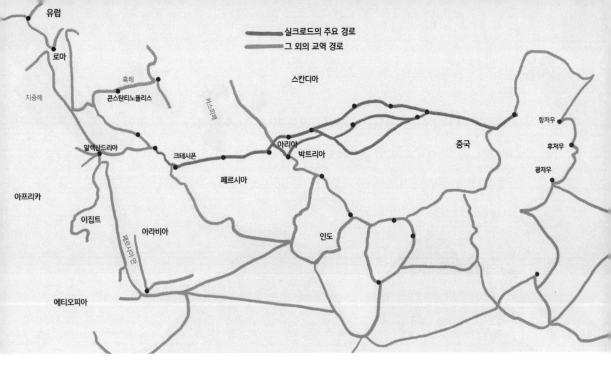

지중해

유럽

로마

흑해

콘스탄티노폴리스

스칸디아

카스피해

황저우

알렉산드리아

크테시폰

아리아

박트리아

중국

후저우

아프리카

이집트

페르시아

광저우

페르시아만

아라비아

인도

에티오피아

실크로드의 주요 경로

그 외의 교역 경로

서기 1세기 경 비단길

트리아를 복속시키고 태평성세를 누리고 있어 흉노를 향한 복수심은 사라진 지 이미 오래였다. 대월지와의 동맹 체결에 실패한 무제는 새로운 동맹국으로 서역에 있던 오손烏孫*과 연합하기로 하고 장건을 다시 사절로 파견했다. 장건은 오손과의 동맹 관계도 역시 성공하지 못했지만, 대신 오손의 말 수십 필을 가지고 돌아왔다. 오손의 말은 당시 천마라고 해서 흉노의 말보다 빠르고 지구력이 좋아 흉노와 전쟁을 하는 데 크게 기여했다. 마침내 무제는 명장 위청衛青과 곽거병霍去病을 파견해 흉노를 공격해 크게 승리했다. 흉노는 몽골 고원의 동흉노와 중앙아시아의 서흉노로 분열되어 세력이 크게 위축되었다.

흉노 정벌을 위해 추진된 장건의 서역 원정은 동서 교역로를 개척하게

* 한 대부터 남북조시기에 걸쳐 톈산(天山) 산맥의 북쪽에 거주하던 투르크계 유목민족.

되었다는 점에서 대단히 중요하다. 이 서역 루트를 통해 비단 등 중국 특산품이 서유럽에 전해졌으며, 서역에서도 많은 문물이 중국에 들어왔다. 19세기 말 중국의 서북변경지역을 탐사하던 독일의 유명한 지리학자 리히트호펜Ferdinand von Richthofen, 1833~1905은 장건이 개척한 서역 루트를 '실크로드' 즉 '비단길'이라고 명명했다.

4. 위진남북조 시대

후한 말기 외척과 환관의 전횡으로 인한 정치적 불안 속에서 황건적의 난이 발생하는데, 이를 진압하는 과정에서 중국은 군웅이 할거하는 혼란의 시대를 맞이했다. 중심지인 화북華北지역에서 220년 조조曹操의 아들 조비曹丕가 위魏 황제에 즉위하고 이듬해에는 유비가 사천에서 촉蜀 황제에, 그다음 해 손권이 양자강 하류에서 오吳 황제에 즉위하면서 삼국이 정립하는 시대가 된다. 위·촉·오 삼국의 경쟁은 나관중의 소설 《삼국지연의》로 잘 알려져 있지만, 결국 위나라를 계승한 서진西晉의 사마염司馬炎에 의해 전국이 통일된다.

그러나 서진은 사마염 사후 '팔왕八王의 난'이 발발해 혼란에 휩싸이는데 그 틈을 타고 북방 유목민족인 흉노, 선비, 저, 강, 갈족 등 오호五胡가 세력을 확대해서 뤄양을 점령했다. 이후 화북은 크고 작은 나라가 흥망을 거듭하게 되는데, 이를 '오호십육국'이라고 한다. 오호십육국은 376년 전진前秦의 부견苻堅에 의해 통일되었지만, 곧 분열된 후 439년 선비족인 탁발부拓拔部의 북위北魏에 의해 다시 통일된다. 남쪽의 강남에서는 젠캉建康, 현 난징에 동진東晉이 세워졌지만, 왕권이 안정되지 못한 채 무너져 송宋·제齊·양

梁·진陳 왕조로 이어졌다.

북위 효문제孝文帝는 호구조사를 통해 농촌을 재편성한 삼장제三長制*를 실시하고 이에 근거해서 농민에게 일률적으로 토지를 지급한 균전제均田制를 실시해 사회 안정을 도모했다. 그는 중국 문화에 심취해 유목민족의 문화를 중국화하는 데 적극적이었다. 우선 수도를 뤄양洛陽으로 천도하고 한족 관료제를 전면 도입했다. 유목민족 전통인 서교西郊에서의 제천의식을 금지하고 성씨를 중국식으로 변경해 종실의 성씨를 탁발拓拔씨에서 원元씨로 바꾸었다. 이외 선비족의 풍속, 습관 및 언어 사용도 금지했다. 이러한 급격한 한화정책에 북위의 정치 지배계층인 선비족이 반발하면서 결국 북위는 동위·서위로 분열되었다. 동위·서위는 각각 북제北齊·북주北周로 이어졌는데 577년 북주가 북제를 격파하고서 다시 화북을 통일하고서 수隋를 건국했다.

위진남북조시대는 한족이 화북에서 대거 강남으로 이주함에 따라 강남 지역이 개발되기 시작한 시기다. 이 시대는 구품관인법九品官人法**에 의해 특권계급으로 성장한 호족이나 명문가가 문벌 귀족화해 정치를 좌우했다. 이에 따른 사회적 혼란 속에서 지식인 사이에는 현실 사회에서 벗어나 자연 속에서 인간의 본성을 추구하고자 하는 풍조가 유행했다. 대표 작품으로 도연명陶淵明의 〈귀거래사歸去來辭〉, 〈도화원기桃花源記〉는 현실에서 벗어나 자연과의 일체를 추구하며, 별천지인 무릉도원의 세계를 그렸다. '죽림칠현' 역시 도덕적 위선을 버리고 인간의 자연스런 본성을 추구했다.

5. 불교와 도교의 전파

기원전 5세기경 인도 북동부 지역에서 발생한 불교는 후한 초기 서역 루트를 통해 전해졌다.* 초기 불교서로 후한 모자牟子가 저술한 《모자이혹론牟子理惑論》이 있다. 이 책은 문답식 서술을 통해 유교와 도교의 사상에 익숙한 중국인들에게 불교의 교리를 공자와 맹자, 그리고 노자와 장자의 말을 인용해 설명한 것이다. 이후 불교는 중국 전통의식과의 조화로운 태도를 취하면서 서민층은 물론 상류 귀족층까지 전파되었다. 특히 북방 이민족 정권이 들어서면서 국가적 보호와 장려 속에서 많은 불교경전이 번역되고, 사회 전반에 널리 퍼지게 되었다. 초기 불교경전의 번역 사업에 기여한 인물로 석도안釈道安, 314~385과 구마라습鳩摩羅什, 344~413이 있다. 석도안은 서역에서 온 불도징仏図澄, ?~348의 제자로 외국에는 나가지 않았지만, 처음으로 불경을 번역한 인물이다. 석도안의 추천으로 서역에서 초빙된 구마라습은 범어와 한어에 능통해 주요 경전을 번역했다.**

5세기 북위는 윈강雲岡과 롱먼龍門에 거대한 석굴을 조성하는 등 국가 차원에서 불교를 보호하고 장려했다. 남쪽의 동진에서는 귀족 중심의 불교가 유행했는데, 유명한 승려인 혜원慧遠, 334~416은 세속에서 벗어나 불법佛法의 독립성을 강조했다.

*불교가 중국에 전래된 경위에 대해서는 여러 설이 분분한데, 기원전 2년 흉노의 압박을 받아 서역으로 이주한 대월지의 사절이 중국에 불교를 전해주었다는 설이 있다. 가장 유력한 것은 후한 명제가 대월지에 사절을 파견해 불경을 필사해 돌아와 이를 널리 현창했다는 설이다. 다만, 이 불경은 석가모니의 교훈집으로 전한 말기에 나온 것으로 명제 시기의 사절이 가져왔다는 것은 사실무근이라는 주장도 제기되고 있다.

** 동진의 승려 법현法顯은 4세기 말 장안을 출발해 불전을 구하기 위해 육로로 인도에 갔다. 3년간 박트리아에서 체류하면서 불전을 연구한 그는 귀국길에 실론(현 스리랑카)에 들러 2년간 체류 후 해로로 말라카 해협을 거쳐 중국으로 귀환했다. 그의 여행기인 《불국기佛國記》는 5세기 초 인도와 중국의 교류를 보여주는 귀중한 자료다.

윈난석굴

　불교가 흥성하는 가운데 그 영향을 받아 도교도 체계화되었다. 도교는 전국시대 이미 신선 사상을 기반으로 발생해서 전한 시기에는 황제^{黃帝}와 노자를 초자연적 존재로 섬기는 황로신앙^{黃老信仰}으로 변화했다. 북위의 구겸지^{寇謙之}는 불교의 영향을 받아 황로신앙을 가미해서 도교 교리 및 교단을 정비해서 북위 왕조의 국교로 채택되어 보호를 받았다.

　이와 같이 외래종교를 포함해 다양한 종교가 정치세력과 결합해서 퍼져나가는 가운데 중국의 문명세계는 보다 보편화되어 한반도를 비롯한 동아시아 세계로 전파되었다. 불교의 경우 고구려에는 372년 소수림왕 때 전진^{前秦}의 순도^{順道}가 불상과 불경을 전했으며, 백제는 384년 동진^{東晉}의 마라난다에 의해 전래되었다. 신라는 그보다 늦은 582년 법흥왕 시기에 이차돈의 순교 후 불교가 공인되었다. 삼국은 율령제도를 정비해 고대 국가의 기틀을 세우는 데 불교이념을 중시했는데, 특히 신라는 호국불교 성격이 매우 강했다.

제2부

지역 문화권의 발전과 중세 사회

4장 동아시아 문화권의 성장

1. 수·당 제국의 성립과 동아시아

후한 멸망 후 삼국시대와 위진남북조시대의 오랜 분열과 혼란은 북주北周의 외척 양견楊堅이 세운 수隋, 581~619에 의해 종지부를 찍게 된다. 수 문제는 국가체제 정비를 위해 새로운 율령律令*제도를 반포했다. 우선 개황률開皇律을 반포해서 육형肉刑을 폐지하고 형벌을 법률 조문에 따라 처벌하는 제도를 마련했다. 그리고 새로운 중앙관제3성 6부제 및 지방행정제도주-현체제를 정비해서 행정조직을 개편했다. 또한 구품관인법을 폐지하고 시험을 통해 인재를 선발하는 등 중앙집권적 통일정책을 추진했다. 특히 위진남북조시대 이래 전파된 불교를 숭상했는데, 불교의 보급은 남북의 일체화를 강화하는 데 중요한 역할을 했다. 이로 인해 그의 치세 동안 사회 및 민생이 안정되어 인구가 증가했다.

그러나 이어 즉위한 수 양제煬帝는 대대적인 토목공사를 단행해서 뤄양성을 건설하고 만리장성을 개축했으며, 탁군涿郡, 북경부근에서 여항餘杭, 항주을 연결하는 대운하를 개통했다. 수로로 남북을 연결하는 것은 중국사상 획기적인 사건이었으나, 대대적인 토목공사는 민중을 혹사시켰다. 양제는 세 차례에 걸쳐 대규모 군대를 징발해서 고구려 원정에 나섰으나 고구려

---

* 율(律)이란 형벌 법규를 말하며, 령(令)이란 행정 및 관료조직, 세제 등 비형벌 관련의 법령을 말한다.

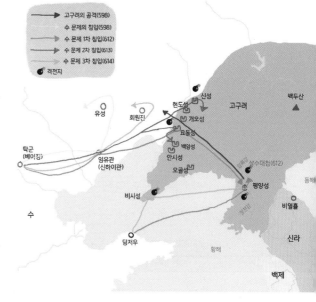

고구려의 공격(598)
수 문제의 침입(598)
수 문제 1차 침입(612)
수 문제 2차 침입(613)
수 문제 3차 침입(614)
격전지

의 완강한 저항에 부딪혀 결국 실패했다. 이후 각지에서 반란이 일어나 이를 진압하는 가운데 양제가 측근에게 피살되면서 수는 멸망했다. 수는 단명왕조로 끝났지만, 당唐 및 동아시아 문화권의 기틀을 제공했다는 점에서 매우 중요한 위치를 차지한다.

수x고구려 전쟁지도

　수나라 말기 각지에서 반란이 속출하는 가운데, 617년 태원太原에서 거병한 이연李淵은 장안성을 함락하고 당唐을 건국했다. 이후 당은 각지에서 할거하던 반란세력을 차례로 진압했는데, 이연을 도와 커다란 공을 세운 자가 바로 당 태종 이세민李世民이다. 이세민은 627년 연호를 정관貞觀으로 변경했다. 그는 군사 재능뿐만 아니라 문치에서도 탁월한 능력을 발휘했다. 그를 보좌하는 신하들과의 문답을 정리한《정관정요貞観政要》는 이상적 군주 정치의 교과서로 이후 중국뿐 아니라 동아시아에서 중시되었다.

　당은 중앙관제로 삼성육부제三省六部制를 정비하고 널리 과거제도를 시행했다. 신분제도인 양천제良賤制하에서 양민良民의 경우에는 3년마다 호적을 작성해서 토지를 지급하는 균전제均田制를 시행했으며, 이에 근거해서 조용조租庸調를 부과하고 병사를 징발하는 부병제府兵制를 실시했다. 병농일치에 의해 인민의 생활이 안정되자 국세가 급속하게 신장되었다. 당은 안정된 국력을 바탕으로 서역 경영에 적극 나서 북방의 숙적인 동돌궐을 공격해 멸망시켰다. 또한 타림분지 북쪽에서 서돌궐과 손을 잡고 동서 교역의 지장을 초래하던 고창高昌, 투르판을 멸하고 안서도호부安西都護府를 설치했으며, 그 여세를 몰아 톈산산맥을 넘어 서돌궐의 본거지인 금만성金滿城, 우르무치을 공략해서 북정도호부北庭都護府를 설치했다. 송첸캄포미상~650에 의해 티베트 고원지역에 성립한 토번吐蕃국과 우호 관계를 맺고 공주를 시집 보내기도 했다. 나아가 서역의 소그드 제국도 복속시키니 이들 오아시스를 통해 페르시아·인도에 이르는 동서 교역로 확보되었다. 이를 통해 동서문화 교류가 활발해져 수도 장안은 국제도시로 번영하게 되었다.

당은 태종 이후 중국사상 유일한 여황제인 측천무후則天武后가 등장한다. 고종의 사후 권력을 장악한 측천무후는 뛰어난 정치 수완을 발휘해 개국공신인 관롱귀족집단関隴貴族集団을 몰아내고 과거제를 실시해 적인걸狄仁傑, 630~700 등 인재를 적극 등용해 안정적인 기반을 조성했다. 대외 관계에도 적극 나서 660년 나당연합군을 결성해 백제와 고구려를 멸망시켰다.

측천무후 사후 즉위한 현종도 문벌에 구애받지 않고 널리 인재를 등용해 제국의 절정기를 맞이했다. 그러나 인구증가로 양민에게 지급할 토지가 부족해져 균전제가 붕괴되고 부병제 대신 모병제가 도입되면서 변경 군진을 관리하는 절도사의 권한이 증대되어 제국의 질서가 무너지기 시작했다. 여기에 말년 양귀비와의 사랑에 빠져 정치를 등한시하면서 사회 전반에 걸쳐 내포되었던 모순이 노정되었다. 절도사인 이란계 소그드인 안록산安祿山의 반란은 이러한 배경에서 일어났다. 당은 안록산의 반란을 진압하는 과정에서 변경의 군진뿐만 아니라 중앙 내부에도 절도사를 남발했다. 중앙정부의 명령에 순종하지 않는 절도사들의 할거로 조정의 권위는 크게 실추되었다. 번진의 절도사와 과거 관료 사이의 파벌싸움이 전개되는 가운데 875년 소금을 밀매하던 황소黃巢의 난이 발생했다. 황소는

낙양과 장안을 일거에 점거해 국호를 '제齊', 연호를 금통金統이라고 했다. 황소의 난을 진압하는 데 공을 세운 주전충朱全忠은 애제哀帝에게 선양의 형식을 빌려 제위를 찬탈하고 대량大梁, 후량이라고 한다을 세워, 당제국을 멸망시켰다.

당은 국제적·귀족적 문화를 특색으로 하며, 활발한 동서교류로 인해 수도 장안은 이국적 정서가 넘쳐났다. 당 태종 때인 7세기에는 현장玄奘, 602~664, 삼장법사이 인도에 가서 많은 경전과 불상을 가지고 돌아왔으며, 페르시아의 사제 아라본阿羅本에 의해 경교景教, 네스토리우스파 기독교가 전래되었다. 이 경교는 처음 페르시아 교회라는 의미에서 파사사波斯寺라고 불렀는데, 당 현종 때 대진국에서 왔다고 해서 대진사大秦寺라 개칭하고 널리 장려되어 전국적으로 교세를 떨쳤다. 〈대진경교유행중국비大秦景教流行中國碑〉는 최초로 기독교가 동아시아에 전래되는 상황을 기록한 비록으로 유명하다. 이 외에도 불을 숭배하는 조로아스터교拜火教(배화교), 마니교摩尼教 및 이슬람교回教 등이 서역을 통해 전래되었다. 시인으로 이백과 두보가 유명하다.

2. 송의 문치주의와 북방 민족의 대두

후주後周의 실력자 조광윤趙匡胤은 당말 오대십국의 혼란기를 통일하고 송宋을 건국했다. 송 태조 조광윤은 즉위 후 모든 군사권을 황제에게 직속시켜 황제권을 강화했으며, 이어 즉위한 태종은 전국의 무장 절도사를 폐지하고 문인관료로 대체했다. 송나라는 역대 왕조 중에서 군사력이 가장 약한 왕조로 평가받고 있는데, 이는 국초부터 의도되었던 것이다. 태종은 문인관료를 확충하기 위해 대대적으로 과거제를 실시했는데, 특히

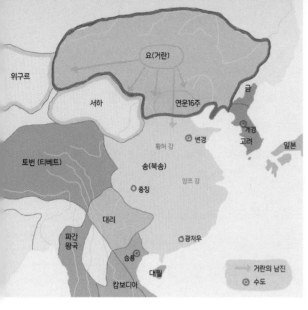

거란의 남하

전시殿試를 중시했다. 전시란 황제가 시험관이 되어 치르는 최종시험으로 이전 단계 합격자의 순위를 매기는 시험이다. 그 순위가 관료로서의 영달을 좌우했기 때문에 수험생은 자신을 발탁해준 황제에게 충성을 다하게 되는 결과를 낳았다. 과거제를 통해 배출된 관료는 귀족이나 절도사와 달리 문벌보다는 자신의 실력을 중시했다. 시험과목 역시 군주에 대한 충성을 정도로 삼는 유교 덕목을 중시했기 때문에 황제를 정점으로 하는 중앙집권적 관료체제를 확립할 수 있었다. 그러나 문치주의로 인해 송은 주변 민족의 침략에 시달려야 했다.* 최초의 적은 거란이다.

* 송나라에서는 글을 읽는 기풍이 유행해 "훌륭한 남자는 군인이 되지 않고, 훌륭한 철은 못이 되지 않는다"는 속담이 유행할 정도로 군인에 대한 사회적 지위가 높지 않았고, 무술을 숭상하는 기질이나 풍습은 매우 취약했다. 물론 송나라는 백만에 달하는 상비군을 보유하고 있었지만, 군사 전략 인재는 부족하고 게다가 군대를 장악하는 문신 관료간 파벌싸움이 끊이지 않는 정치적 혼란 속에서 주변 민족의 침략에 속수무책이었던 것이다.

거란은 몽골계 민족으로 태조 야율아보기耶律阿保機가 거란족을 통일한 이래 태종 시기 후진後晉의 석경당石敬瑭, 892~942년을 멸하고 연운燕雲 16주를 차지한 후, 946년 국호를 요遼라고 했다. 요는 성종聖宗시기 연운 16주를 둘러싸고 송과의 문제를 해결하기 위해 대군을 거느리고 남하했다. 마침내 1004년 송과 '전연澶淵의 맹盟'을 체결해 형제관계를 맺고 매년 공물을 받았다. 송은 이 강화조약으로 북방의 평화를 찾게 되었지만, 경제적 부담이 컸다. 게다가 수도인 카이펑開封과 국경 지역에 총 100만 명에 달하는 군대를 상시 배치해야 해서 막대한 비용의 군사비가 지출되었다. 비대화된 관료조직을 운영하는 데에도 재정 부담이 적지 않았다. 이러한 국가재정 문제를 해결하기 위해 제6대 신종神宗, 재위 1067~1085시기 왕안석王安石, 1021~1086은 재정개혁에 착수했는데, 이를 '신법新法'이라고 한다. '신법'은 균수법均輸法, 청묘법青苗法, 시역법市易法, 보갑법保甲法, 모역법募役法, 보마법保馬法**

** 균수법은 정부가 국가사업이나 소비를 위한 물자를 직접 조달해서 소요 경비를 절약하고 물가를 안정시켰다. 청묘법은 상평창의 곡물을 파종기에 농민에게 저리로 빌려주어 농민을 보호했다. 시역법은 영세상인을 보호하고 상품유통을 원활히 했다. 보갑법은 국토방위와 치안유지 책임을 지역주민에게 부담하게 했다. 모역법은 보유자산에 비례해서 금전을 거두어 부역에 필요한 노동력을 고용했다. 보마법은 민간인에게 군마를 기르게 해서 필요에 따라 국가가 빌리거나 사들이 는 것이었다.

등의 경제 정책을 골자로 하고 있는데, 국가가 영리활동에 개입해 백성과 이익을 다툰다고 해서 커다란 정치적 논쟁을 낳게 되었다.

한편, 요遼의 지배를 받고 있던 여진족의 완안아골타完顔阿骨打는 1115년 금金을 건국했다. 금은 연운십육주 탈환을 도모하던 송과 동맹을 체결하고 요를 협공했다. 금은 요의 수도를 공략해 맹약대로 6개의 주를 송에 넘겨주었다. 그러나 송이 약속한 공납금을 보내지 않고 나머지 10개 주도 접수하려고 해서 양국 관계는 급격히 악화되었다. 이에 1125년 금 태종太宗, 재위 1123~1135이 카이펑을 공격해서 휘종과 흠종을 포로로 잡아가니 이를 '정강靖康의 변'이라고 한다. 정강의 변 이후 흠종의 동생 강왕康王이 강남에서 즉위해 송을 부활시키니 남송의 고종高宗이다. 이로 인해 중국대륙은 금, 서하西夏***, 남송 삼국이 정립하는 분열시대를 맞이한다. 남송은 주전파인 악비岳飛를 물리치고 주화파인 진회秦檜의 주장을 받아들여 금에

*** 중국 북서부에 위치했던 티베트의 일파인 탕구트족이 세운 왕조(1032~1227)이다. 불교를 숭상하며 서하 문자를 가지고 있었다. 송은 서하에게 매년 막대한 공물을 바쳤다.

게 신하의 예를 취하고 매년 막대한 예물을 바치는 조건으로 강화조약을 체결했다. 이후 남송은 수도를 린안臨安, 항저우에 두고 강남 개발을 진행해서 농업이나 상공업을 발전시켰다.

송대의 문인관료는 문벌이나 가문에 의지하는 것이 아니라 자신의 학

문 실력으로 등장한 새로운 지배계층으로 이들을 사대부士大夫라 한다. 그들은 학문을 통해 성인의 경지에 이르고 민중을 교화해 태평성세를 이룩하는 것을 자신들의 이상으로 삼았다. 이들 학문을 송학宋學이라고 하는데, 이 학문은 동아시아 세계에 널리 전파되었다. 송대는 기술혁명의 시대로 알려져 있다. 인쇄술이 크게 발달했으며, 특히 나침반과 화약은 세계사적으로 커다란 영향을 미쳤다. 벼와 보리의 이모작 재배도 가능했으며, 해상무역이 번창해서 아라비아 및 페르시아와 활발히 교역을 했다. 문화면에서 당이 국제적 색채가 농후하고 화려한 귀족적 문화라고 한다면 송은 항상 이민족의 침입에 시달렸기 때문에 국수적이고 서민적이었다.

한편, 몽골 역사상 가장 위대한 군주로 추앙받고 있는 칭기즈칸成吉思汗, 1162년?~1227년은 13세기 초 중국 북부를 비롯해 몽골 고원, 중앙아시아, 동투르키스탄에 이르는 대제국을 건설했다. 또한 몽골은 1231년부터 30여 년간 일곱 차례에 걸쳐 고려를 침략했다. 이 대몽항쟁 시기에 황룡사의 구층탑을 비롯해 많은 문화재가 소실되었는데, 당시 최씨 무인정권은 불심에 의지해서 난국을 타개하고자 팔만대장경을 조판했으나, 제5대 쿠빌라이칸忽必烈汗, 재위 1260~1294 시기 복속되어 부마국이 되었다. 쿠빌라이칸은 수도를 옌징燕京으로 천도하고 1271년 국호를 중국식의 '대원'으로 변경했다. 그는 본격적인 남송 정벌에 앞서 여몽연합군을 구성해 1274년 제1차 일본 원정에서 나섰으나, 마침 불어온 태풍으로 인해 귀환했다. 이 원정은 별다른 성과 없이 끝났으나 남송이 일본과 결탁하는 것을 방지했다. 이어서 쿠빌라이는 본격적인 남송 정벌에 나서 1276년 남송의 수도 린안臨安을 정복한 후 곧이어 남송의 잔여세력을 모두 진압함으로써 새로운 중화제국의 지배자로 군림했다. 남송 정복 후에는 동남아시아에도 원정군을 파견해 베트남 북부 일부를 영토에 편입시키는 데 성공했다. 1281년, 다시 여몽연합군을 조성해 제2차 일본 원정에 나섰으나 일본의 견고한 방어막에 부딪혀 역시 별다른 성과없이 귀환했다. 그러나 이 전쟁으로 재정 압박을 받은 카마쿠라막부鎌倉幕府는 무너졌다.

쿠빌라이칸은 35년의 치세동안 몽골 제국에서 탈피해 새로운 형태의 국가건설을 추진했다. 그는 '지원至元', '중통中統' 등 중국식 연호를 사용했으며, 중국식 중앙집권적 관료제를 도입해 정부기구를 중서성행정, 추밀원군사, 어사대감찰로 개편했다. 전국을 11개의 지역으로 구분해서 각각 행중서성행성을 설치했는데, 오늘날 중국의 행정단위인 성省은 바로 여기에서 유래한다. 또한 마르코 폴로의 《동방견문록》에서도 소개되어 있듯이 광활한 지역을 효과적으로 다스리기 위해 역참을 설치했는데, 이 역참제도는 고려에도 영향을 미쳤다.

3. 일본의 고·중세 사회와 문화

약 1만 년 전부터 일본에서는 석기와 함께 새끼줄繩로 문양을 새긴 죠몬繩文, 줄 문양의 토기를 사용했다. 이 시대를 죠몬시대라고 하는데, 수렵과 어로, 채집 생활을 했으며, 지면을 파고 기둥을 세워 만든 수혈주거竪穴住居에서 생활했다. 기원전 3세기경에는 한반도 및 대륙으로부터 농경문화가 전래되었는데, 이 시대를 야요이시대彌生時代라 한다. 야요이시대에는 개간이나 용수관리를 위해 집단의 대규모화가 진행되어 부족국가가 형성되었다.

3세기 말에서 7세기에 걸쳐 일본 열도에는 거대한 고분이 다수 축조되

죠몬 토기

었다. 고분은 전방후원분前方後圓墳; 앞부분이 각이 지고 뒷부분이 원형 형태의 묘의 형태를 하고 있으며, 긴키近畿지방에서 대량으로 발견되었다. 고분시대의 야마토정권은 호족세력의 연합정권으로 대륙과 한반도 문화를 수용해서 고대국가의 기틀을 마련했는데, 특히 한반도로부터 많은 도래인渡來人이 이주해와서 새로운 기술과 문화를 전해주었다. 한자와 유교, 불교가 전래되어 정치, 사회, 문화 방면에 커다란 영향*을 미쳤는데, 689년에는 국호를 '왜倭'에서 '일본日本'으로 변경했다. 이 시대의 일상생활은 무덤에 세운 하니와埴輪, 흙으로 구운 다양한 모양의 인형를 통해 엿볼 수 있다.

> * 한자 문화의 수용은 이 시기 본격화 되어 도래인의 일부는 왕권의 문서를 관장하거나 외교를 담당하기도 했다. 6세기 무렵에는 유학과 역학(曆學) 등 선진문명이 전래되었으며, 백제로부터 공식적으로 불교가 전해져 사원 건립이 활발해지면서 아스카시대의 불교문화가 크게 번창하며 고대 국가의 문화를 형성하는 데 크게 기여했다.

8세기 초 야마토정권은 율령국가 체제를 정비해서 나라奈良에 수도를 건설했다. 나라시대奈良時代는 호국불교가 장려되어 일본 최대 사찰인 도다이지東大寺가 세워졌으며, 역사서인 《일본서기日本書紀》와 《고사기古事記》도 편찬되었다. 이 시대는 천황제 중심의 중앙집권국가를 지향했으나 귀족 간의 분쟁이 격화되었다. 이에 간무천황桓武天皇, 재위 781~806은 국정 혼란을 쇄신하기 위해 교토京都로 천도하니 이로부터 약 400여 년간을 '헤이안시대

平安時代'라 한다. 이 시대는 장원을 소유한 귀족중심 시대로 특히 천황의 외척이 되어 권력을 독점한 후지와라藤原씨가 유명하다. 헤이안시대는 일본풍 문화가 등장했으며 가나문자仮名文字도 만들어졌다. 여성 작가인 무라사키 시키부紫式部가 저술한 《겐지모노가타리源氏物語》는 가나로 쓰여진 가장 오래된 장편소설이다. 이 시대 말기 귀족들이 무사 세력과 손을 잡으면서 무사가 권력의 실세로 부상하게 되는데, 그중 다이라平씨와 미나모토源씨의 세력이 가장 컸다. 양측의 치열한 싸움 끝에 미나모토씨가 승리했다.

12세기 말 미나모토 요리도모源頼朝, 1147~1199는 카마쿠라에 본거지를 구축해서 무사정권의 시대를 열었다. 중세 사회가 시작된 카마쿠라시대는 유럽의 봉건제도와 같이 주군과 가신이 주종관계를 맺고 있다는 점이 고대 사회와는 다른 점이다. 요리도모는 천황으로부터 세이다이쇼군征夷大將軍에 임명되어 세습 지위를 얻게 되지만, 그의 사후 얼마 가지 않아 실권은 처가인 호조씨北條氏가 장악한다. 카마쿠라막부는 1274년, 1284년 두 차례에 걸친 여몽연합군의 침략을 계기로 전국에 걸쳐 지배권을 확립했으나 전쟁으로 인한 재정 악화로 내부모순이 격화되면서 무너졌다. 이 시대는 서민적 불교문화가 유행해서 염불을 외우거나 좌선을 하는 것만으로 성불할 수 있다는 믿음이 널리 퍼졌다.

1338년 아시카가 다카우지足利尊氏, 1305~1358는 세이다이쇼군의 칭호를 받고 교토의 무로마치室町에 막부를 열었다. 무로마치 시대의 3대 쇼군 아시카가 요시미쓰足利義満, 1358~1408는 남북조 동란을 극복하고 지배체제를 안정시켰으나, 유력한 무사인 슈고守護에게 막강한 권력을 부여해서 쇼군의 지위는 불안정했다. 마침내 1467년에 일어난 '오우닌의 난應仁之亂'으로 '하극상 풍조'가 만연해져 몰락했다. 무로마치 시대는 일본 전통 예능의 하나인 능악能樂이 등장했으며, 전통 가옥이 만들어졌다. 선종의 영향으로 킨카쿠지金閣寺, 긴카쿠지銀閣寺 등 새로운 형태의 사찰도 지어졌다. 한반도에서 목면이 전래* 되어 의복 문화의 일대 변화를 가져온 것도 이 시기다.

* 무로마치 시기에는 조선으로부터 목면이 대량으로 수입되어 16세기 이후 전국에서 재배되기에 이른다. 그 전까지 의복은 주로 견직물이나 마포를 사용했는데, 목면은 보온이나 내구성이 뛰어났기 때문에 단기간에 전국에 보급되었던 것이다.

4. 동남아시아 문화의 다양성

동남아시아는 기원 전후부터 중국과 인도 교역루트의 교차로로서 발전했다. 한 무제는 기원전 111년 베트남을 침략해서 교지군交趾郡, 일남군日南郡, 구진군九眞郡을 설치했다. 2세기에는 로마황제 마르크스 아우렐리우스의 사절을 칭하는 자가 일남군을 방문했다고 한다. 이러한 가운데 크메르 족에 의해 캄보디아의 메콩강 델타지대에 건설된 부남扶南은 해상 교역의 중계지로 3세기에서 5세기에 걸쳐 번영해 그 세력이 말레이 반도 동쪽 해안에까지 미쳤다. 부남은 인도문화를 적극 수용해서 힌두교를 신봉했다. 또한 2세기경 베트남 중부지역에서 자립한 참파는 남지나해 교역활동의 중계지로서 번창했다.

4세기말에서 5세기초 말라카 해협을 통과하는 항해 루트가 확립되어 인도와 교류가 활발해지면서 동남아시아는 인도문화의 영향을 크게 받게 되었다. 이에 따라 말라카 해협 지역에는 항구도시국가가 형성되었는데, 그 대표 국가인 첸라眞臘, 캄보디아는 7세기 중엽 쇠퇴해진 부남을 병합했다. 9세기 무렵에는 첸라의 자야바르만 2세Jayavarman II가 주변 지역을 통합해서 앙코르 왕조를 열었다. 제4대 야소바르만 1세Yasovarman I가 앙코르에

앙코르 와트 사원

최초의 수도를 건설한 이래 역대 왕들은 인근지역을 정복해서 수도와 대
사원을 건설해 전성기를 맞이했다. 12세기 수르야바르만 2세Suryavarman II가
건설한 힌두교 사원 앙코르 와트가 대표 유적이다.

  미얀마에서는 3~9세기에 걸쳐 퓨Pyu족이 세운 퓨국이 이라와디 강
Irrawaddy River 중·하류 유역에서 융성했는데, 후에 남조南詔에서 자립한 버마
족의 바간 왕조Bagan, 1044~1299에 교체되었다. 바간 왕조는 이라와디 강 전역
을 지배하면서 인도나 스리랑카와 교역을 했으며, 불교를 신봉해서 국토
전역에 수많은 불교사원을 건설했다.

  말라카 해협의 항구도시로 7세기 수마트라 섬 동해안의 팔렘방Palembang
부근에 건설된 슈리비자야Srivijaya는 인도와 중국을 연결하는 항로의 중간
지대로 해상무역을 통해 번영을 누렸다. 슈리비자야는 자바와 수마트라,
나아가 말레이반도의 산물을 페르시아·아라비아·인도에서 오는 상인과
교역을 했다. 당나라 시기부터 중국에 조공을 바쳤으며 불교를 숭상했다.
수마트라 동남쪽에 위치한 자바Java는 풍요로우며 인구밀도가 매우 높은
지역이다. 자바에서는 해상무역을 통해 샤일렌드라 왕조Shailendra, 8~9세기가

번영했으며, 대승불교를 숭상해서 장대한 석조건물인 보로부드르 사원을 건축했다. 동부 자바에서는 10세기 이후 마자파히트Madjapahit 왕조가 흥성해서 주변국을 정벌하고 이슬람교를 전파했다. 이후 자바에서는 불교가 쇠퇴하고 모두 이슬람교를 신봉하게 됐다. 마자파히트가 16세기 말 네덜란드에 멸망하면서 자바는 네덜란드의 통치하에 들어가게 된다.

북부 베트남에서는 한대 교지군이 설치된 이래 중국의 영향력이 미쳤으나 40년에 일어난 쭝자매徵姉妹의 반란과 같이 현지의 저항이 빈번했다. 당대에는 하노이에 안남도호부를 설치해서 적극적으로 개입했으나 중국의 영향력이 커질수록 현지 세력의 저항 역시 만만치 않았다. 10세기에 송나라가 교주交州를 침략하자 레 호안Lê Hoàn, 黎桓, 재위 980~1005이 이를 격파하고 신왕조를 개창했다. 그러나 레 왕조는 안정되지 못한 채 1009년 리李 왕조가 성립해서 국호를 대월大越이라고 했다. 대월은 송의 남하를 저지하는 한편, 자주 조공을 바쳐 대월의 독립을 인정받았다. 또한 불교를 신봉해서 그 권위를 과시했다. 리 왕조에 이어 1225년 쩐陳 왕조가 성립했다. 중·남부 베트남의 연안부에 존재하던 참파는 7세기 이후 인도 문화를 받아들인 이래 힌두교 사원을 건립했다. 참파는 이슬람 세력의 인도양 네트워크와 남지나해의 교역을 중개하는 역할을 담당하면서 융성했으며, 12세기에는 앙코르를 침략하기도 했다. 13세기 말 원나라의 침략을 받아 이를 물리쳤으나, 17세기 말 꽝남현 베트남 남부, 성도는 다낭 응우옌씨阮氏에 정복되었다.

5장 서아시아-지중해 세계의 변동과 이슬람의 팽창

1. 사산 제국과 굽타 제국

224년 파르티아를 멸망시킨 사산 왕조는 농경민 중심의 페르시아를 재건해 4백여 년 동안 서아시아의 강자로 군림했다. 동쪽으로는 인도 북부의 쿠샨 및 굽타 제국과, 북쪽으로는 에프탈백훈족과 투쟁했으며 특히 서쪽으로 로마 제국을 압박했다. 3~4세기 동안 취약해진 로마 제국에 대승을 거두어 황제를 포로로 잡는가 하면 소아시아를 획득하기도 했다. 사산 제국의 강력한 황제권과 중앙집권적 통치체제, 화려한 예식은 말기 로마 제국에도 전파되었다.

사산 제국은 농업을 중심으로 하면서도 해양 및 육상 실크로드를 통한 동서교역을 장려했다. 멀리 중국과도 교역을 해 조로아스터가 '현교'라는 이름으로, 네스토리우스파 기독교는 '경교'라는 이름으로 당나라에 전해졌다. 6세기에는 튀르크와도 우호관계를 맺고 중간에 위치한 에프탈을 압박하기도 했다. 또한 크테시폰Ctesiphon과 군디샤푸르Gondishapur 등과 같은 제국의 중심지는 국제적 학문의 중심지로 성장했다. 동로마 황제 유스티니아누스 1세가 기독교화를 강력하게 추진하며 529년 아테네의 학당

현재 이라크 바그다드 동남쪽에 위치한 크테시폰 궁정 유적지

을 폐교한 이후 사산 황제 호스로 1세Khosro I, 531-579는 그리스의 수많은 헬레니즘 학자들을 받아들였다. 인근 지역의 다양한 종교와 학문적 전통을 받아들여 의학과 철학, 신학, 자연과학을 발전시켰으며 이는 이후 이슬람 학문·문화의 풍성한 토양이 되었다.

사산조 페르시아는 7세기 전반기까지 쇠약해진 동로마 제국과 끊임없이 전쟁을 펼치며 국력을 소진했다. 그 결과 파르티아와 마찬가지로 외침보다는 제국 내부의 반란으로 멸망하고 말았다651. 사산 제국을 대체한 것은 새로운 왕조가 아닌 이슬람이라는 종교공동체였다.

북인도 지역에서는 2세기 말 쿠샨 제국이 쇠락하기 시작하면서 수많은 세력들이 각축을 벌였다. 이들 중 갠지스 강 중류 지방에 위치한 굽타 제국이 4세기 전반 찬드라굽타 1세Chandragupta I, 319~335 또는 350 치세에 급격히 성장했다. 이후 5세기 전반까지 북인도 전체를 장악하고 중앙집권체제를

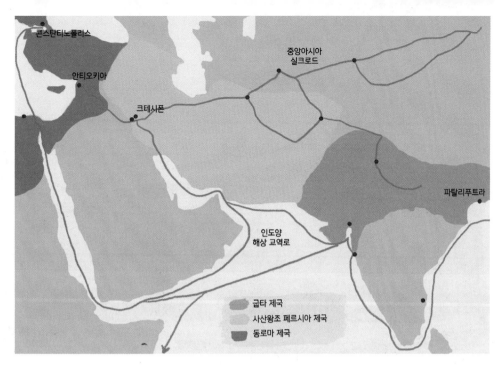

콘스탄티노폴리스
안티오키아
크테시폰
중앙아시아 실크로드
파탈리푸트라
인도양 해상 교역로

굽타 제국
사산왕조 페르시아 제국
동로마 제국

사산왕조 페르시아 제국, 동로마 제국 영역

강화했지만 5세기 후반부터 에프탈의 침입과 왕위계승 분쟁으로 크게 약화되었다가 6세기 중엽에 몰락했다.

굽타 제국에서는 브라만교를 바탕으로 민간 신앙과 불교가 융합된 힌두교가 융성했다. 아바타화신라는 개념으로 다신교적 요소를 끌어안은 힌두교는 황제의 신성화는 물론 카스트 신분위계의 강화를 정당화했다. 경제를 담당한 바이샤의 사회적 지위가 향상되었고 제4신분이었던 수드라 아래로도 불가촉천민 계층달리트이 형성되었다. 다양한 이민족들이 전문화된 직업군을 이루자 카스트는 신분뿐만 아니라 각 신분 내에서도 상이한 직업집단을 규정하는 사회제도가 되었다.

또한 굽타 시대에는 바이샤의 지위 향상에서 보듯이 농산물이 증대하고 수공업과 교역이 크게 발전했으며 인도 고전문화가 형성되었다. 아잔타와 엘로라 석굴, 부처 조각상과 벽화 등 불교문화가 만개했지만 지배세

힌두교 사원, 엘로라 동굴 단지 - 15동굴

력의 후원으로 힌두교가 크게 성장했다. 궁정과 사원, 학교를 중심으로
한 산스크리트어가 사용되면서 카스트제 등 각종 의례와 관습을 기록한
마누법전과 인도의 2대 서사시인 《라마야나》와 《마하바라타》가 기록·정
리되었다. 천문학과 의학이 발전했고 수학에서 십진법을 사용하며 숫자
'0' 개념을 창안해 유라시아 대륙 전역에 전파했다.

2. 이슬람교의 등장과 이슬람 제국의 팽창

7세기 초까지 사산 제국과 동로마 제국의 전쟁으로 레반트에서 메소포
타미아 지역에 이르는 교역로가 쇠퇴해 갔다. 반면 아라비아 반도 서쪽과

인도 마하라슈트라 주의 도시 아잔타에 있는 불교 석굴, 유네스코 세계 문화유산

홍해를 거쳐 페르시아 만에 이르는 새로운 교역로가 성장했다. 아라비아 반도 서안에 메카와 메디나 같은 도시들이 성장했고 교역활동에 종사하던 아랍 상단들이 부유해졌다. 그러나 이와 함께 빈부격차와 부족 간 갈등이 심화되어 아라비아 지역에 사회·정치적 문제들을 야기했다. 이런 상황에서 메카에서 활동하던 상인 무함마드는 유대교와 기독교 영향으로 유일신 알라에 대한 복종을 중심으로 만민평등과 약자·빈민에 대한 자선과 구휼을 강조한 이슬람교를 창시했다. 무함마드는 기성세력들의 박해를 받아 메디나로 이동했으나헤지라, 622 이슬람 공동체 움마를 견고히 해 630년에는 메카를, 이후에는 아라비아 반도 대부분을 장악했다.

무함마드 사후 그의 동료 4명이 '대리자할리파'라는 칭호로 움마를 이끌

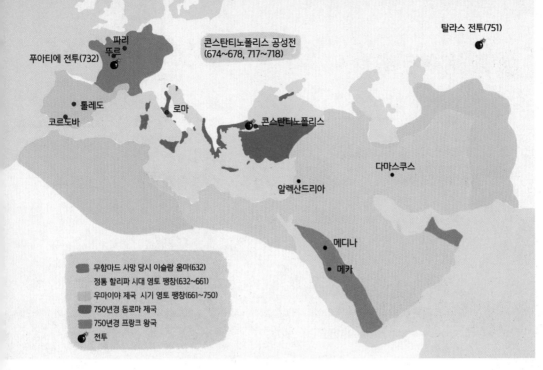

860년경 우마이야 제국

었다. 아부 바크르, 우마르, 우스만, 알리로 이어지는 정통 할리파 시대 632~661에 움마는 급격히 성장하며 사산조 페르시아를 멸망시켰고, 서쪽으로는 이집트, 동쪽으로는 인도 접경까지 영토를 팽창시켰다. 이는 움마의 성격을 아랍 부족 중심의 종교공동체에서 비아랍·비이슬람인들을 포함하는 제국으로 변모시켰다. 제4대 할리파 알리와 무함마드 일족은 종교공동체의 성격을 고수하고자 했지만 제2대 할리파 우마르가 속했던 우마이야 가문과 추종자들은 제국으로 변모를 시도했다. 이 투쟁에서 승리한 우마이야 가문은 우마이야 제국을 개창했고, 이슬람교는 우마이야 제국을 받아들인 수니관행파와 알리의 가르침을 따르는 시아알리 추종파로 분열되었다.

우마이야 왕조는 수도를 다마스쿠스에 두고 영토를 더욱 확장해 8세기에 서쪽으로는 이베리아 반도를, 동쪽으로는 인더스 강 유역까지 이르렀다. 우마이야 제국은 정치에서는 동로마 제국의 모델을 수용했다. 사회적으로는 아랍인 무슬림이슬람교도, 비아랍인 무슬림, 비아랍인 비무슬림유대인, 기독교도 등으로 계층화해 차별적 세금정책을 펼쳤다. 비아랍인 무슬림 수가 증가하면서 무슬림 내 차별 문제는 우마이야 왕조에 대한 불만을 증대시켰다.

분열과 혼란에 빠진 이슬람 제국은 무함마드의 숙부 가문인 아바스 가문에 의해 재통합750되었다. 아바스 제국은 이란페르시아 지역에 정착한 시아파의 도움으로 권력을 장악했지만 이후에는 제국질서를 유지하기 위해 결국 시아파를 탄압하고 수니파로 돌아섰다. 메소포타미아 지역인 바그다드에 수도를 정한 아바스 제국은 아랍인과 비아랍인 간의 차별을 철폐해 무슬림 내에서 실질적인 만민평등을 이루어냈다. 페르시아인들이 대거 등용되었으며 사산조 페르시아를 모델로 한 정치체제가 도입되었다. 중앙아시아로 동진한 아바스 제국은 서진 중이던 당과 충돌751해 승리했고 이는 중앙아시아에서 세력을 공고히 해주었다.

8~9세기 아바스 제국 전성기에 〈선원 신드바드의 이야기〉로 대표되는 이슬람 상인은 기존에 릴레이 방식으로 이어졌던 아프로유라시아 교역 네트워크에 전면적으로 침투해, 거대한 상업권을 창출해냈다. 이슬람 상인들은 국경을 넘나들며 유럽에서 중앙아시아를 거쳐 동아시아에 이르는 육상 교역로에서 주도권을 장악했다. 지중해에서 인도양, 남중국해 거쳐 동아시아 해역한반도, 일본으로 이어지는 해상 교역로도 통합했으며 북쪽으로는 스웨덴 바이킹과도, 남쪽으로는 사하라 이남의 가나, 말리 제국과도 교역했다. 유럽의 양모와 금속제품, 동아프리카의 상아와 목재 및 식재

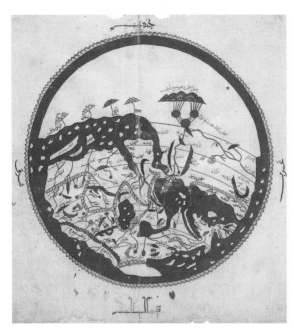

이슬람 지리학의 발달에 따라 제작
된 알이드리시의 세계지도(12세기)

료, 인도의 면직물과 보석, 밀, 설탕, 동남아시아의 향신료와 후추, 중국의
도자기와 차, 장뇌삼 등이 당시 아프로유라시아 각지의 물품들이 이슬람
상인들을 통해 서로 교환 및 거래되었다.

　이 시기에는 학문과 문화생활에 있어서도 중국과 인도, 동로마 제국의
성과들이 이슬람 세계에서 융합되어 괄목할만한 발전이 이루어졌다. 먼
저 중국의 제지술, 나침반, 화약이 이슬람 세계에 유입되어 이후 서유럽에
전파되었다. 《천일야화》가 집필되고, '지혜의 집'이라는 종합 교육 및 연구
기관이 창설되어 수학, 천문학, 의학, 화학 분야에서 커다란 진전을 이루
어냈다. 이슬람 수학자들은 그리스 수학의 업적을 계승해 대수학을 창시
하기도 했으며, 이슬람 의학자 이븐 시나의 저작들은 서유럽 의학 발전에
크게 기여했다. 사산조 페르시아 이후 서아시아에 뿌리 내린 그리스 철학
또한 이슬람 신학과 결부되어 다양한 논의들을 산출했다. 예를 들어 서

아바스 제국 학술원인 '지혜의 집'에서 토론 중인 이슬람 학자들

유럽에서 아리스토텔레스 철학에 대한 주석자로 권위를 인정받은 철학자 이븐 루쉬드는 스콜라 철학의 발전에 지대한 영향을 미쳤다. 이슬람 세계의 이 모든 성과들은 12세기 이후 서유럽 세계에 유입되어 학문과 문화 발전의 촉진제가 되었다. 현재 영어에서 사용되는 학문 용어들alchemy, alkali, chemistry, alcohol, natrium, kalium, soda, algebra, algorithm, cipher, zero etc. 일부는 이슬람 학문의 성과를 잘 대변하고 있다.

아바스 제국은 10세기에 지방 총독들의 봉기와 독립 선언으로 분열되기 시작했다. 제국 초창기부터 이베리아 반도에 우마이야 제국의 후손들이 후우마이야 왕조756~1031를 창건했고 이후 북아프리카에 파티마 왕조909~1171가 들어서 할리파 칭호를 사용했다. 또한 동부의 페르시아 및 중앙아시아 지역에는 사파르 왕조861-903와 사만 왕조819-999, 부와이 왕조932~1055 등 수많은 독립 왕조들이 흥망을 거듭했다. 새로운 독립 왕국들에

유스티니아누스 황제와 측근들(왼쪽), 황후와 측근들(오른쪽), 이탈리아 산비탈레 성당 벽면에 있는 모자이크 벽화

게 영토를 내어준 아바스 왕조는 이후 메소포타미아 지역으로 축소되었고 1258년 몽골에 의해 멸망했다.

3. 동로마 제국과 게르만 왕국들

330년 콘스탄티누스 1세가 그리스의 옛 도시 비잔티온Byzantion을 자신의 이름을 딴 콘스탄티노폴리스라 칭하며 천도를 개시한 이래로 로마 제국의 정치 중심은 동쪽으로 이동했다. 게다가 발칸반도와 소아시아, 이집트 지역을 중심으로 하는 동부 지역은 경제적 풍요와 문화적 번영이 지속되었다. 그렇기에 로마 황제 휘하에서 제국의 기독교화를 위해 설치된 5개의 총대주교좌Patriarchy가 서로마에는 로마 한 곳이었던 반면 동로마에는 콘스탄티노폴리스, 안티오쿠스, 예루살렘, 알렉산드리아 등 모두 4곳에 이르렀다. 395년 테오도시우스 1세 사후 동·서 로마 제국으로 분할된 이후 동로마에도 게르만족과 훈족이 진출했으나, 동로마 제국의 견고한 방어를 뚫지 못하고 모두 서로마 제국으로 방향을 돌렸다.

5세기 후반 동로마 제국은 서로마 제국에서 벌어진 황위 계승 투쟁에도

성 소피아 성당

개입해 영향력을 확보하고자 했다. 하지만 476년 동로마에 반해 황위를 차지했던 로물루스 아우구스툴루스가 오도아케르Odoacer에 의해 폐위되자 동로마 제국은 서로마 제위를 공위로 두고 오도아케르에게 이탈리아 통치권을 위임했다. 이후 오도아케르와의 관계가 악화되자 동로마 제국은 동고트족의 테오도리쿠스Theodoricus, 454~526에게 총독직을 부여해 이탈리아를 장악하게 했다. 그러나 테오도리쿠스는 493년 이탈리아를 장악하자 동고트 왕국을 건설해 동로마 제국과 긴장관계를 형성했다.

서로마 제국 마지막 황제가 폐위될 즈음 제국의 영토에는 다양한 게르만족 왕국들이 난립해 있었다. 이탈리아 동고트 왕국 외에도 갈리아 남부에서 이베리아 반도를 장악한 서고트 왕국과 아프리카 북부를 장악한 반달 왕국이 지중해를 둘러싸고 가장 강력한 위세를 떨쳤다. 현재 벨기에 지역에 거주하던 프랑크족이 세운 프랑크 왕국 메로베우스 왕조는 서로마 제국 멸망 이후 클로비스 1세Clovis, 재위 481~511 치세에 기독교로 개종하는 한편 서남쪽으로 영토를 팽창했다. 프랑크 왕국은 다양한 게르만 부족과 투쟁하며 지중해 해안가를 제외한 갈리아 지역 대부분을 차지했다. 한편 브리타니아 섬에는 5세기 중반까지 로마문화에 동화된 켈트인브리튼인

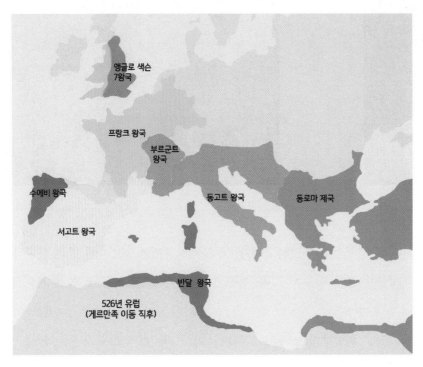

앵글로 색슨
7왕국

프랑크 왕국

부르군트
왕국

수에비 왕국

동고트 왕국

동로마 제국

서고트 왕국

반달 왕국

526년 유럽
(게르만족 이동 직후)

서로마 제국 소멸 이후 서유럽

이 거주하고 있었다. 5세기 중반 북부의 스코트족과 픽트족 등의 침략이
거세지자 브리튼인들은 로마에 군대를 요청했으나 쇠약해진 로마는 파병
할 수 없었다. 이에 브리튼인들은 현 독일 북부 지역 게르만 부족인 앵글
족, 색슨작센족, 주트족에 원병을 요청했다. 하지만 이들은 스코트족과 픽
트족뿐만 아니라 브리튼인까지 몰아내기 시작했다. 이렇게 해서 브리튼
인은 아일랜드 섬과 웨일즈 지역, 프랑스 북서부브르타뉴로 이동했고 6세기
말까지 브리타니아에는 기독교를 받아들인 앵글·색슨·주트족의 7왕국이
스트앵글리아, 머시아, 노섬브리아, 웨식스, 에식스, 서식스, 켄트이 들어섰다.

한편 동로마 제국은 유스티니아누스 1세Justinianus I, 재위 527~565 치세에 강력
한 황권을 구축하고 지중해 전역에 영향력을 확대하고자 했다. '하나의

제국, 하나의 종교'를 내세운 유스티니아누스는 본격적으로 기독교를 배타적인 국교로 확립하고 이를 바탕으로 황제 숭배를 강화해 나갔다. 이는 하층민에게 '빵과 서커스'로 대변되는 경제·문화적 지원 폐지로 이어져 '니카의 봉기'532와 같은 민중들의 대규모 반발을 초래하기도 했다. 가혹한 탄압으로 제권을 확고히 한 그는 537년 성 소피아 성당을 개축하고《시민법 대전Corpus Iuris civilis》을 편찬했다. 또한 치세 내내 동쪽으로는 사산조 페르시아와 격돌하면서 지중해 지역 원정을 감행해 옛 로마 제국 영토를 회복하고자 했다. 이렇게 해서 동고트 왕국과 반달 왕국이 멸망했으며 서고트 왕국은 큰 타격을 입고 세력이 위축되었다. 지중해 지역에 영토를 지니지 않았던 프랑크 왕국만이 운 좋게 유스티니아누스 황제의 침공을 피할 수 있었다.

그러나 영토 회복의 영광 이면에는 무리한 원정으로 인한 재정 악화가 가중되고 정치적 불만이 증대했다. 특히 그의 뒤를 이은 무능한 황제들은 그가 정복한 영토를 유지하지 못했다. 국력이 소진된 동로마 제국은 7세기 내내 끝없이 외침에 시달렸다. 사산 제국의 공격으로 이집트와 레반트, 시리아 지역을 빼앗겼으며 이베리아 반도 점령지도 다시 서고트 왕국에게 내주었다. 이탈리아에는 또 다른 게르만족인 랑고바르드인들이 이주해 다양한 세력들을 형성했다. 또한 7세기 후반부터는 신흥 종교 이슬람을 내세운 우마이야 제국의 공격으로 동로마 제국의 동부 영토는 더욱 줄어들었다. 이에 동로마 제국 사회는 외침에 항상 대비하는 군사적 성격을 강화해 갔다. 군역을 담당하는 자영농이 증대되었고 군관구제인 테마thema 제도가 시행되었다. 공용어로 라틴어가 아닌 그리스어가 확산되면서 기독교를 중심으로 한 종교적 정체성과 그리스적 민족감정이 융합되어 갔다.

8세기에는 정치적 파벌 투쟁과 교리 문제가 뒤얽힌 성상파괴 논쟁이 시작되었다. 논쟁의 핵심은 초월적인 종교의 신성을 형상화하는 것이 불경인가 아닌가의 문제였다. 이는 신성의 비가시성이라는 유대교 전통과 신성의 가시성이라는 헬레니즘의 충돌이기도 했고 이슬람의 우상숭배 비판에 대한 기독교 정당성 확보를 위한 대응이기도 했다. 또한 교회의 대중적 영향력을 약화시켜 성직자 권력 확대를 막으려는 황제의 전략이기도 했다. 9세기까지 동로마 제국에서 성상파괴와 복구는 정치적 파벌투쟁 과정에서 수차례 번복되었다. 이 문제는 기본적으로 성상파괴에 반대하는 로마 총대주교_{교황}가 동로마 제권으로부터 독립하기 위한 빌미로 작용했다.

4. 카롤루스 제국의 흥망과 동로마 제국의 부활

유스티니아누스 1세의 공격을 피한 메로베우스 왕조의 프랑크 왕국은 클로비스 1세 사망 후 분할되었다. 정치공동체에 대한 관념이 부족했던 지배층은 가산처럼 왕국의 영토를 반복적으로 분할·상속했고 이로 인해 7세기에 이르러 왕권은 약해지고 실질 권력은 궁재_{宮宰}에게 집중됐다. 8세기 초 이베리아 반도를 장악한 우마이야 제국이 세력을 확장해 오자 궁재 카롤루스 마르텔Carolus Martel, 688~741이 투르-푸아티에 전투732에서 우마이야 제국의 북상을 저지했다. 이로써 카롤루스 마르텔은 궁재의 권력을 더욱 확고히 했고, 뒤를 이어 궁재가 된 아들 피피누스 3세Pippinus III, 714~768는 스스로 왕위에 올라 카롤루스 왕조를 창시했다. 그는 교황 스테파누

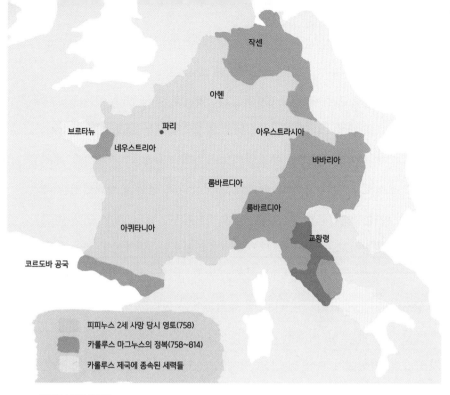

작센

아헨

브르타뉴
파리
아우스트라시아

네우스트리아
바바리아

롬바르디아

롬바르디아

아퀴타니아
교황령

코르도바 공국

피피누스 2세 사망 당시 영토(758)

카롤루스 마그누스의 정복(758~814)

카롤루스 제국에 종속된 세력들

카를로스 제국의 팽창

스 2세Stephanus II, 재위 752~757로부터 왕위 승계의 정당성을 인정받았고 그 대
가로 난관에 처한 교황의 입지를 확고히 해주었다. 외부적으로 교황은 총
대주교에 대한 우위권을 주장하던 동로마 황제와 성상파괴 거부 문제로
대립하고 있었고 내부적으로는 랑고바르드인의 위협을 받고 있었다. 피피
누스 3세는 활발한 영토팽창 사업의 일환으로 랑고바르드 세력을 격파
하고 획득한 이탈리아 영토 일부를 교황에게 증여했다교황령의 기원. 이는 신
생 프랑크 왕국이 동로마 제국에 맞서 로마 총대주교의 든든한 후원자가
되었다는 것을 의미했다.

피피누스 3세를 계승한 카롤루스 마그누스Carolus Magnus, 재위 768~814는 대외
정복을 통해 왕국의 영토를 더욱 확장했다. 799년 이탈리아에서 혼란스
러운 폭력사태로 교황 레오 3세Leo III, 795~816가 또다시 위협을 받자 그는 이

탈리아를 평정했고 이에 레오 3세는 그를 황제로 추대했다. 이는 동로마 제권에 대한 도전을 의미했다. 당시 동로마 제국에서는 황후 이레네Irene, 재위 797~802가 아들이자 황제인 콘스탄티노스 6세Constantnios VI, 780~797를 폐위시키고 스스로 제위에 올랐다. 이레네는 성상파괴 정책을 철회했지만 레오 3세는 이를 로마 교회 독립의 기회로 만들고자 했다. 그는 여성의 황위계승을 부정하고 동로마 황제가 공위라고 선포한 후 자신의 입맛에 맞는 새로운 황제를 창출한 것이다. 하지만 카롤루스 마그누스 또한 황제로서 동로마와 같이 교회가 제권 아래 복속되어야 한다고 생각하고 있었고 이는 곧 제국과 교회, 황제와 교황 간의 갈등이라는 서유럽의 독특한 정치 구도를 형성했다. 아울러 그의 치세에는 소문자 고안과 같은 문자 문화 활성화 노력도 이루어졌다.

카롤루스 제국은 군사 정복으로 방대한 영토를 자랑했지만 사적 관계에 의존한 빈약한 통치체제와 영토에 대한 후손들의 분할·상속 요구로 9세기부터 정치적 위기에 처했다. 9세기 후반까지 영토 분할과 통합이 반복되어 현재 프랑스, 독일, 이탈리아 국경의 원형이 형성되었다. 같은 시기에는 스칸디나비아 반도에서 남하한 노르만인바이킹이 브리타니아, 서프랑키아, 이탈리아 각지를 약탈했다. 동프랑키아는 10세기 전반기에 중앙아시아 유목민족인 마자르족의 침입을 받았다. 9~10세기 지속적인 외침의 시기에 동·서프랑키아 양쪽에서 카롤루스 가문의 대가 끊기고 카페Capet 와 오토Otto와 같은 새 왕조가 들어섰고 각 지역에는 서로 다른 정치 국면이 전개되었다. 노르만인의 파상공세를 받은 서프랑키아는 지방분권적 권력 세분화가 진행되었다. 마자르족을 방어하던 동프랑키아는 지역 제후들 간의 연합이 이뤄져 어느 정도의 통합성을 유지할 수 있었다.

같은 시기에 동로마 제국은 활력을 되찾아 11세기 초에는 다시 한 번 국력의 절정에 이르렀다. 동부와 지중해에서 아바스 제국의 공세가 거셌지만 방어와 재정복에 성공했고 북부 지역에서는 불가리아를 정복하는 등 영토를 팽창시켰다. 문화적으로도 성상파괴 논쟁이 최소한으로만 성상icon을 허용하는 방향으로 타협을 이루었고 그리스어를 바탕으로 한 문화·예술 활동이 크게 성장했다. 이러한 활력을 바탕으로 동로마 제국은 키예프 공국 등 동유럽의 여러 세력들과 투쟁하면서 기독교를 전파하고 키릴 문자를 고안하기도 했다.

5. 중앙아시아 튀르크인의 세력 형성과 이동

3~10세기 동안 중앙아시아에서는 튀르크계 유목민족들의 활약이 두드러졌다. 후한後漢에 의해 흉노 제국이 멸망한 이후 이들과 여러 종족들의 혼합체인 튀르크계 훈족이 4세기에 중앙아시아 서부에서 동유럽에 이르는 지역에 강력한 세력을 이루었고 게르만족의 이동을 촉발했다. 훈 제국은 5세기 중반 아틸라 왕Attila, 재위 434-453 당시에 절정에 이르렀으나 그의 사후 급격히 몰락했다. 5~6세기 몽골 고원에는 튀르크계 유목민이 선비족을 규합해 유연柔然을 세웠다. 이들은 북위北魏 이북에 강력한 세력을 형성하며 처음으로 황제라는 뜻으로 '카간可汗', 또는 '칸'이라는 용어를 사용했다. 그러나 북위와 새로 형성된 돌궐과의 세력 다툼 속에서 안정적인 체제를 구축하지 못하고 소멸하고 말았다. 비슷한 시기에 인도 북서부 지역에서는 쿠샨제국 붕괴 후 튀르크인을 중심으로 페르시아계 유목민들이 규합된 에프탈엽달囉噠 또는 백훈족 왕국이 세력을 떨쳤다. 이 왕국은 중국과

626년 사산조 페르시아와 아바르 연합군의 공격을 받는 콘스탄티노폴리스

사산조 페르시아 사이의 무역로를 장악했지만 사산조 페르시아와 돌궐 간의 협공으로 크게 위축되어 멸망했다.

6세기 후반 중앙아시아에는 유연과 에프탈을 몰락시킨 돌궐이 만주에서 흑해 연안에 이르는 대제국으로 성장했다. 동쪽에서는 중국이 남북조로 분열되어 있는 틈을 타서 세력을 확장했고 서쪽으로는 사산 제국과 연합해 에프탈을 몰락시키고 이후에는 동로마 제국과 연합해 사산제국을 공격했다. 581년 중국이 수隋에 의해 통일되었을 즈음 카간 계승 분쟁이 발생했고 급기야 수의 이간책으로 동·서돌궐로 분열583되었다. 7세기 전반기에는 이슬람에 의해 사산 제국이 멸망하자 서돌궐의 서진이 이루어지기도 했지만 당唐의 서진정책과 내부 부족들 간의 분열로 동·서돌궐 제국 모두 멸망하고 말았다. 7세기 말 돌궐 유민들을 중심으로 제2돌궐 제국이 수립되기도 했으나 결국 8세기 중반 부족들 간의 분열과 당의 이간책으로 몰락했다.

돌궐제국 서쪽 동유럽 지역에는 6~8세기 동안 튀르크어족과 인도유럽어족의 혼합으로 등장한 아바르Avar 왕국이 자리 잡고 있었다. 동쪽으로는 돌궐과 경쟁관계에 있었고 서쪽으로는 프랑크 왕국과 대치했다. 그러나 가장 큰 문제는 동로마 제국 및 사산 제국과의 관계였다. 아바르 왕국은 6세기에는 동로마 제국과 연합했으나 7세기에는 사산 제국과 연합해 626년에 콘스탄티노폴리스를 공격했다. 하지만 공격이 실패로 돌아간 이후 쇠약해진 아바르족은 프랑크 왕국의 공격에 시달리다 결국 8세기 말 카롤루스 마그누스에 의해 멸망했다. 9세기 이후에는 아바르족의 영토에는 아바르족을 흡수한 신흥 유목민족인 마자르Magyar족이 등장해 10세기에 동프랑키아를 공략했다. 10세기 말에 이르러 마자르족은 대외 침략을 멈추고 독립 왕국을 건설하는 한편 로마 가톨릭으로 개종했다.

8세기 중반 몽골 고원에서는 돌궐에서 분기한 위구르족이 위구르 카간국을 세웠다. 이들은 당과 연합해 토번吐蕃을 압박하는 등 일시적으로 세력을 키웠지만 9세기 중반 자연재해와 정치 분열로 몰락하고 말았다. 이후 튀르크인들 중 일부가 서쪽으로 이동하며 카스피 해 동부와 인도 북부 지대에서 조금씩 세력을 키워나갔다. 아바스 제국의 영향 아래 이슬람으로 개종한 이들은 이민족 노예 출신으로 이루어진 술탄 근위대 맘루크Mamaluk로 활약했다. 튀르크계 맘루크는 수많은 전공을 세우며 중앙 정치의 핵심세력으로 부상했으며 군지휘관으로 승진해 술탄 선출에도 관여했다. 이후 아바스 제국이 분열의 시대로 접어들자 이들은 제국 각 지역에서 카라한 칸국840-1212이나 가즈나 왕국977-1186 등과 같은 독자 세력을 구축해 나갔다. 이중 페르시아계 사만 왕국에서 분기한 가즈나 왕국은 10세기 후반부터 인도를 주기적으로 침입하면서 북부 인도에 이슬람화를 촉진시켰다.

6장 서아시아–지중해 세계의 충돌과 교류

1. 서유럽 세계의 변화: 권력 분산화와 교회 개혁

　동프랑키아는 10세기 서유럽에서 가장 강력한 세력을 형성했다. 카롤루스 왕조의 후계자가 단절되면서 마자르족을 방어하는 데 큰 공을 세운 작센 공 하인리히 1세Heinrich I가 919년 동프랑키아의 왕으로 선출되면서 오토 왕조가 개창되었다. 그의 뒤를 이은 오토 1세Otto I, 재위 936~973는 마자르족을 완전히 격퇴하고 동프랑키아와 이탈리아의 혼란한 상황을 수습했다. 이 과정에서 지역 세력에 위협을 받던 교황권을 안정화시킴으로써 962년 교황으로부터 신성로마황제로 추대되었다. 서프랑키아프랑스에서는 9세기 말부터 노르만족을 방어하는 데 큰 공을 세운 로베르 가문이 세력을 키워나갔다. 오토 가문과 인척 관계를 맺은 로베르 가문은 987년에 왕위에 오른 위그 카페Hugues Capet부터 '카페'라는 이름으로 세습왕조를 구축하며 쇠락한 카롤루스 왕조를 대체했다.

　10세기 말경 과거 카롤루스 제국 영역에서는 다양한 수준의 권력 분산화가 진행됐다. 동프랑키아독일에서는 제후령 수준까지만 분산화가 진행되었고 귀족과 전사 사이의 경계가 뚜렷했다. 오토 왕조의 힘은 다른 제후령을 직접 통치할 정도가 되지 못했으나 이들의 저항을 제압할 정도로

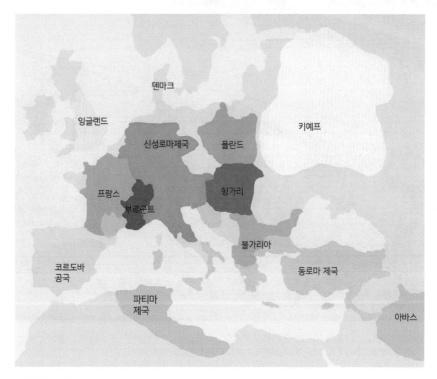

1000년 경 유럽

는 강력했다. 반면 서프랑키아프랑스에서는 제후령 이하의 단위로도 권력 분산이 급격하게 이루어졌고 세력 충돌이 잦아지면서 귀족의 전사화, 전사의 귀족화가 이루어졌다. 카페 왕조는 다른 강력한 제후들 틈바구니에서 실권 없는 왕위만을 힘겹게 유지했고 공작이나 백작과 같은 제후들은 자신의 세력을 확대하기 위한 방법으로 전사들에게 '봉'이라 부르는 물질적 혜택주로 토지을 조건으로 충성 계약을 맺었다봉건제. 반면 농민들은 전사 귀족층에 예속화되어 일방적인 지배를 받았다영주제. 인구 감소와 낮은 경제 생산력, 권력 분산화가 진행되던 서유럽은 10세기 당시 세계에서 가장 낙후한 지역들 중 하나였다. 중세 내내 어떠한 세력도 서유럽 전체를 통합하지 못한 채 다양한 세력들이 각축을 벌였는데 다행히도 더 이상 어떠한 이민족의 침입도 없었다.

1066년 노르망디 공작 기욤의 잉글랜드 정복 이야기를 묘사한 태피스트리(높이 50센티미터, 총 길이 약 70미터의 자수 작품)
11세기 노르만인의 무기와 풍습, 생활상을 생생하게 보여주고 있다. 유네스코 세계기록유산

　한편 브리타니아에서는 웨식스 왕 앨프레드 1세Alfred I, 재위871~886가 노르
만인의 침략을 막아냈고 애썰스탄Aethelstan, 924~939 치세에 앵글로색슨계
왕국들을 통일했다. 앨프레드 치세에 노르만인들은 데인로Danelaw라 불리
는 자치구역에 정착하기도 했지만 이들은 곧 통일 잉글랜드에 급속도로
흡수됐다. 통일왕국을 세운 잉글랜드는 지방관 파견과 행정문서 발송, 대
귀족 및 고위 성직자 회의인 위탄게모트Witangemot 등 정치 및 통치체계에
서 서유럽에서 가장 앞서나갔다. 그러나 1066년 에드워드 고해왕이 사망
하고 위탄게모트에서 유력 귀족인 해럴드가 왕으로 선출되자 프랑스 왕
국의 노르망디 공작인 기욤 2세가 에드워드의 먼 친척이라는 점을 들어
왕위를 요구하며 잉글랜드를 침략했다. 그는 잉글랜드를 장악하고 잉
글랜드 왕 윌리엄 1세William I, 생몰1028~1087로 즉위했으며 잉글랜드에 프랑스
의 봉건제와 영주제를 변형시켜 이식했다. 그는 지방 귀족들을 견제할 주
장관sheriff을 파견하고 농민들에 대한 징세를 목적으로 《둠즈데이북》이라

는, 전국에 걸친 인구 및 재산 조사서를 편찬했다. 또한 국왕에 대한 일괄적인 충성신서솔즈베리 서약로 프랑스의 분권 봉건제를 중앙집권을 위한 기제機制로 변형시켰고 자유농을 농노로 예속시켰다.

사실 노르망디 귀족들의 대외침략은 이뿐만이 아니었다. 프랑스에 정착한 노르만인의 후예답게 11세기 초부터 동로마 제국과 이슬람 세력들, 이탈리아 토착 세력들이 각축을 벌이는 이탈리아와 지중해에 침략을 시작해 11세기 후반에 남부 이탈리아와 시칠리아를 장악하고 1130년에 시칠리아 왕국을 건설했다. 이후 시칠리아 왕국은 기독교와 이슬람교가 교차하는 문화 접경지대로 이베리아 반도처럼 이슬람 문화가 유럽으로 유입되는 창구가 되었다.

그 어떤 압도적인 세력도 등장하지 않은 유럽의 권력 분산화 상황에서 교황은 전 서유럽에 대한 '영적 보편성'을 주장하며 교회개혁을 추진했다. 5~10세기 서유럽에서 다양한 세력들의 투쟁 속에서 교회는 세속권력과의 결탁으로 성직자와 교회재산을 지켜낼 수 있었다. 하지만 이는 성직과 교회재산을 귀족가문의 가산家産으로 만들어 성직자 혼인풍습과 성직매매라는 폐해를 낳았고 세속 권력자들이 성직자 임명에 깊이 개입하게 하는 결과를 초래했다. 이에 교회에 세속 권력의 개입을 차단하고 여러 악폐를 정화하기 위한 개혁운동이 10세기 초 클뤼니 수도원을 중심으로 전개됐다. 이는 교황권에도 영향을 미쳐 추기경단에 의한 교황선출을 제도화시키고 교황의 권위를 강화하는 데 기여했다. 교황권의 강화는 동로마 황제 영향력 차단, 서유럽 내 고위 성직자 및 세속권력자에 대한 교황의 우위권 확립을 전제했다. 이는 차례로 1054년 동·서 교회 대분열과 1075년 〈교황칙령Dictatus Papae〉 반포로 이어졌다.

하인리히 4세가 토스카나 여백작
마틸다와 클뤼니 수도원장
위그에게 교황과의 분쟁 중재를
간청하고 있다. 1115년 경 집필된
《마틸다의 생애》에 수록.

　교황권의 강화는 곧 세속권력과의 갈등으로 이어졌다. 특히 서로마 황제와 카롤루스 황제를 계승했다고 자부한 신성로마 황제는 로마 제국의 전통에 따라 로마 총대주교교황가 황제 아래 위치한다고 생각했다. 하지만 이에 대해 교황은 로마 제국의 정통성이 기독교의 영적 보편성과 이를 이끄는 교황권에 있다고 보고 세속권력에게는 이를 위한 보조 역할을 부여했다. 이러한 논쟁은 밀라노를 비롯한 북부 이탈리아 지역에 대한 주도권 확보라는 현실 문제와 뒤얽혀 황제 하인리히 4세와 교황 그레고리우스 7세 간의 충돌로 이어졌고 결국 카노사의 굴욕1077으로 막을 내렸다. 황제가 굴복한 이유는 교황의 파문장 자체보다 그것이 반황제파 봉기에 명분을 제공했기 때문이다. 이렇게 보편적 교황권이라는 이상은 현실 권력의 분산화를 바탕으로만 또 하나의 현실세력으로 작동할 수 있었다. 따라서

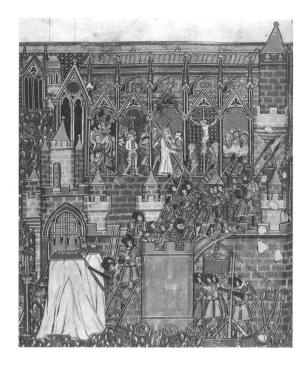

제1차 십자군의 예루살렘
함락(1099)

13세기 말에 분산된 권력을 통합한 중앙집권 왕국이 등장하면서 보편적 교황권은 분권화된 지방 세력들과 함께 쇠퇴할 수밖에 없었다.

2. 튀르크계 이슬람 왕조와 십자군

10세기 서아시아는 계속되는 튀르크인의 팽창으로 커다란 격변을 맞이했다. 이제 이슬람의 주도권은 아랍인에서 페르시아인을 거쳐 튀르크인에게 계승되었다. 튀르크인은 서아시아 각지에서 기존 체제 내에서 권력의 정점에 오르는 경우도 있었고 부족 자체가 팽창해 거대 세력을 형성하는 경우도 있었다. 후자의 대표 사례가 바로 11세기 초에 급성장한 셀주크 튀르크였다. 셀주크 부족은 9~10세기에 페르시아계 사만 왕조의 군사세

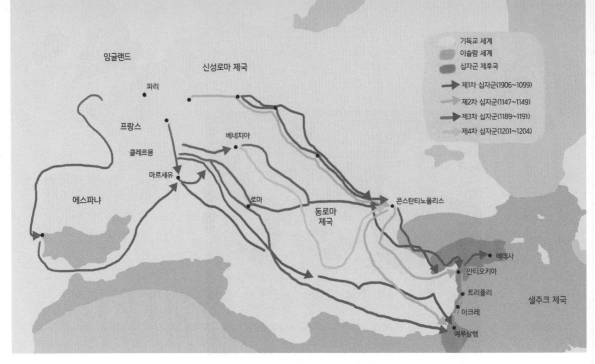

제1-4차 십자군 전쟁 주요 경로(1096~1204)

력으로 성장했다. 급기야 11세기 초에는 카라한 및 가즈나 왕국에 승리를 거두고 1055년에는 바그다드에 입성해 할리파의 권위만 상징적으로 유지하고 있던 아바스 왕조의 보호자를 자처했다. 11세기 말 셀주크 튀르크는 동로마 제국을 격파하며 소아시아 동부 지역까지 진출해 최대 세력을 형성했다. 그러나 곧 부족 간 내분이 시작되면서 12세기 초에는 다양한 부족세력들이 독립해 나갔고 12세기 중반 셀주크 제국은 중앙아시아에 새롭게 등장한 카라키타이Kara Khitai[서요西遼]와 페르시아계 화레즘 왕국의 압박으로 붕괴되었다.

11세기 말 셀주크 제국의 분열로 소아시아와 레반트 지역은 정치적으로 매우 불안정해졌다. 이 기회에 셀주크 제국에게 상실한 영토를 회복하고자 한 동로마 황제 알렉시오스 콤네노스 1세Alexios I Komnenos, 재위 1081~1118는 서유럽을 동맹군에 끌어들이고자 했다. 이는 1054년 동로마의 동방 정교회와 분리한 서유럽 가톨릭을 동로마 제국의 영향권 아래 포섭하려는 의도

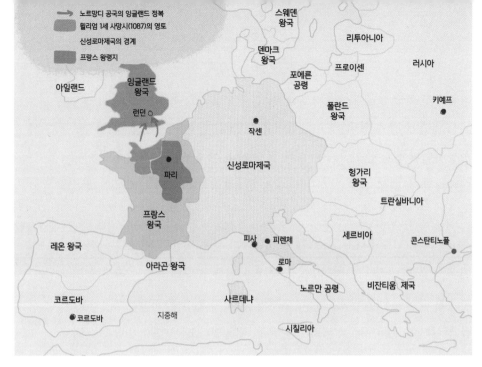

신성로마 제국

를 지녔다. 1095년에 이루어진 동로마 황제의 제안에 교황 우르바누스 2세Urbanus II, 재위 1088~1099가 기꺼이 응했다. 교황은 세속 권력자들을 종교적 대의 아래 규합해 교회개혁의 연장선상에서 서유럽 내 교황권을 더욱 강화하고자 했기 때문이다. 이에 교황은 1096년 클레르몽 공의회를 개최해 십자군을 제창했다.

성지 순례와 이교도 척결을 통한 구원의 열망, 교회개혁과 함께 이루어진 평화운동으로 억눌린 폭력성의 폭발, 새로운 세계에서 이룰 모험과 성공의 기대감 등 다양한 동기들이 한데 어우러진 가운데 십자군은 귀족과 기사들에게 큰 호응을 얻었다. 셀주크 제국의 쇠퇴 이후 분열된 이슬람 세계는 갑자기 출몰한 십자군의 침략에 제대로 대응할 수 없었다. 1099년 야만적 폭력이 수반된 예루살렘 함락과 함께 제1차 십자군이 종료되었고 레반트 지역에는 봉건적 질서에 입각한 십자군 제후국들이 성립되었다. 기독교 정복자들은 지배층을 이루었지만 소수에 불과했으며 정복지의 유지를 위해서는 종교적 관용정책을 취할 수밖에 없었다. 결국 셀주크 제국에서 분기한 장기 왕국1127~1250, 아이유브 왕국1171~1260이 새로운 패권자로 성장하면서 십자군 제후국은 모두 몰락했다. 이에 맞서 12세기에도 서유럽에서 두 차례에 걸쳐 십자군이 새로 조직되었지만 모두 실패하고 말았다.

한편 북부 인도에서도 가즈나, 구르 왕국과 같은 이슬람 튀르크 왕국들이 세력을 확대해 나갔다. 카스트 제도와 이를 정당화하는 힌두교에 비판적인 자들이 이슬람으로 대거 개종을 했으며 이슬람 지배세력이 세금만 납부하면 힌두교에 대해서도 관용을 베풀었기 때문에 이슬람은 급격히 성장했다. 13~16세기 동안 북부 인도에서는 델리 술탄 왕조가 들어섰다. 이는 델리를 수도로 삼은 5개의 연이은 이슬람 왕조를 뜻한다. 초기의 맘루크Mamluk, 1206~1290 및 할지 왕조Khalji, 1290~1320는 몽골의 침략을 막아내면서 인도 전역으로 이슬람을 전파했으며 투글라크 왕조Tughlaq, 1320~1413 당시에는 인도 중동부를 제외한 대부분 지역을 장악해 전성기를 이루기도 했다. 이후 사이드 왕조Sayyid, 1414~51와 로디 왕조Lodi, 1451~1526 시기에 분열이 이루어지면서 새로운 이슬람 세력인 무굴 제국이 북부 인도를 제패했다. 델리 술탄 왕국 시기에 인도는 아랍인 다음으로 인도양 교역을 주도했으며 이슬람 튀르크 지배층은 인도에 아랍과 페르시아 문화를 전파하면서 이슬람 문화와 힌두 문화의 융합을 촉진했다. 이슬람 신비주의로 은둔과 고행을 특징으로 하는 수피교나 만민평등을 주장하는 신흥 종교인 박티교는 이러한 문화교류의 대표적 현상들이었다.

이집트와 북아프리카에서는 10~12세기 동안 시아파를 추종하는 파티마 왕국이 할리파 지위를 주장하며 번영을 누렸지만 1171년에는 살라흐

앗 딘이 세운 아이유브 왕조가, 1250년에는 이슬람 튀르크계 맘루크 왕조가 들어섰다. 이 지역은 14세기까지 이민족 왕조의 흥망 속에서도 동부 지중해와 홍해를 잇는 육로와 해로의 교차로로서 활발한 교역의 중심지 역할을 했다. 또한 이베리아 반도에서는 1031년 우마이야 왕조가 몰락하면서 1492년 에스파냐에 정복될 때까지 이슬람 세력들 간의 분열과 통합이 거듭되었다. 그사이 북부의 기독교계 세력들레온, 카스티야, 바르셀로나이 남진하며 이슬람 세력들을 압박해 나갔다. 하지만 이러한 투쟁과는 별도로 이베리아 반도는 선진적 이슬람 문화가 서유럽으로 도입되는 주요한 창구였다.

3. 서아시아 몽골 세력의 등장과 서유럽 중세 사회의 발전

13세기에 들어와 중앙 및 서아시아에서 튀르크 세력의 팽창과 이동은 잦아들게 됐다. 튀르크 이슬람 세력인 카라한 칸국, 셀주크 제국, 가즈나 왕국이 소멸되고 그 자리에는 카라키타이와 화레즘 왕국, 그리고 구르 왕국이 들어섰다. 구르 왕국은 가즈나와 같은 튀르크계 이슬람 왕국이었지만 페르시아계인 화레즘 왕국1077-1231은 셀주크에 종속되었다가 13세기 초에 페르시아 지역을 석권하며 급부상했다. 그리고 카라키타이1124-1218는 1125년 요가 북송과 금 연합군에게 멸망당하자 요遼 황족 출신 야율대석耶律大石이 중앙아시아 유목 부족들을 규합한 후 서진해 건국한 왕국이었다. 하지만 이들 신흥 세력들은 13세기 초 또 다른 유목민족인 몽골족의 침공으로 얼마 안가 몰락했다.

1206년부터 시작된 몽골의 정복은 1220년대 이후로 서아시아에서도 이

루어졌다. 유라시아에 걸친 몽골 제국은 동아시아의 원元 이외에 울루스킵
차크, 우구데이, 주치, 훌라구라 불리는 느슨한 연맹국 형태로 분할 통치를 실시했다.
하지만 시간이 지나면서 각 울루스는 독립 세력으로 성장했고 각 울루스
간의 경쟁과 대립이 빈번해지기 시작했다. 중앙아시아에서는 칭기즈칸의
차남 차가타이와 삼남 우구데이가 서로 대립해 1306년 원과 차가타이 울
루스차가타이 칸국가 우구데이 울루스우구데이 칸국를 멸망시켜 영토를 분할했다.
서아시아에서는 칭기즈칸의 손자들인 바투와 훌라구가 각각 주치 울루
스차가타이 칸국와 훌라구 울루스일 칸국를 세워 경쟁했다. 주치 울루스는 북서
아시아를 장악하며 러시아의 전신인 키예프 공국을 15세기 말까지 지배
했으며 훌라구 울루스는 아바스 왕조를 멸망시키고 수많은 이슬람 세력
들로 분할되어 있던 서남아시아 전체를 14세기 중반까지 장악했다. 13세
기 중반 몽골 제국은 헝가리와 폴란드를 공격하며 유럽인들을 공포에 떨
게 했지만 제위계승 문제 등 내부의 권력투쟁으로 더 이상의 서진이 불가
능했기에 유럽 대부분은 몽골의 침략을 피할 수 있었다.

십자군을 비롯한 서유럽 세력의 지중해 진출은 무엇보다 도시와 교역
의 발전으로 나타났다. 그리고 권력 분산화와 취약한 중앙권력으로 인
해 도시는 정치적으로 자율적인 정치체로 성장해 갔다. 상인과 수공업자
들의 동등한 연대인 도시의 코뮌Commune은 그 구성에 있어서 귀족-농민
간의 수직적 위계 사회와 대비되었지만 서유럽 중세 사회에서 분산된 권
력으로 작동했다. 북해·발트해에서는 상인조합인 한자동맹이 덴마크와
전쟁을 벌일 정도의 세력으로 성장했고 북부 이탈리아에서는 도시들 간
의 통합이 이루어지면서 피렌체, 밀라노, 제노바, 베네치아와 같은 도시
국가가 성장했다. 특히 지중해 교역의 두 주역인 제노바와 베네치아는 서

로 13~14세기에 백 년에 걸친 전쟁을 치를 만큼 치열한 경쟁을 벌이기도 했다. 농촌이라는 바다에 섬처럼 존재한 유럽의 도시들은 당대 아시아의 도시들보다 규모면에서는 작았지만 정치적 자율성을 바탕으로 한 도시 네트워크를 창출했다. 지중해 지역의 도시 네트워크와 북해 및 발트해 지역의 도시 네트워크, 그리고 프랑스 및 독일에서 이들을 연결하는 도시 네트워크는 교회와는 또 다른 차원에서 유럽의 경제·문화·사회 통합성을 형성했다. 이 도시 네트워크를 통해 각 지역의 소식들은 물론이거니와 이슬람 세계에서 유입된 다양한 물건들과 지식 또한 유럽 전역에 전파되었다. 북유럽 지역의 한자 동맹이나 플랑드르 도시들, 북부 이탈리아 지역의 도시들은 동맹을 맺어 강력한 정치세력으로도 성장했다. 그리하여 한자 동맹은 덴마크 왕의 군대에게, 북부 이탈리아의 룸바르다 동맹은 신성로마제국 황제 프리드리히 1세에 대항해 승리를 거두기도 했다.

11~13세기 동안 유럽에서는 분산된 권력들 간에 다양한 변화가 이루어졌다. 권력 분산화가 가장 심했던 프랑스에서는 13세기 초부터 왕권이 교황과 교회의 충실한 조력자라는 입지를 취하면서 '가장 기독교적인 왕권'이라는 이데올로기를 전유했다. 이와 더불어 필리프 2세Philippe II와 루이 9세Louis IX는 왕권을 강화해 나가면서 봉건세력을 약화시키고 왕국을 통합해 나갔다. 프랑스 왕국 내 대제후를 겸했던 잉글랜드의 노르만 왕권은 바로 이러한 통합의 가장 큰 걸림돌이었다. 12세기에 잉글랜드 플랜태저넷 왕조는 잉글랜드는 물론 프랑스 서부 지역까지 장악하며 위세를 떨쳤다. 하지만 13세기 초 잉글랜드 왕권은 아키텐 지역을 제외한 대부분의 해외 영토를 상실했고 잉글랜드 내에서는 대귀족과 고위성직자로 구성된 의회Parliament의 견제를 받기 시작했다. 신성로마 제국과 이탈리아에서

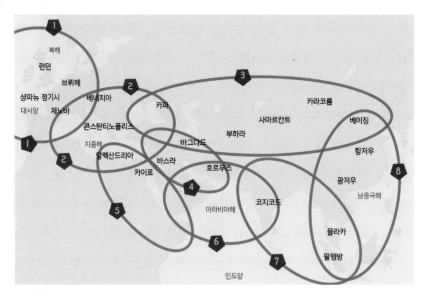

13세기 세계체제, 아프로유라시아에 걸친 8개의 교역권 네트워크

는 교황과 황제 간의 대립이 지방 세력들 사이에 황제파기벨리노와 교황파겔
프 간의 수많은 충돌과 정치적 정변을 야기했다. 이는 지중해를 중심으로
한 외교 관계에도 영향을 미쳐서 교황파로는 프랑스와 베네치아가, 황제
파로는 잉글랜드와 제노바가 각각 우호 관계를 맺도록 했다.

　13세기에도 십자군은 계속해서 조직되었다. 13세기에 총 여섯 차례의 십
자군이 조직되었는데 이 중 당대인들에게 가장 큰 충격을 준 것은 제4
차 십자군이었다. 1202년 제4차 십자군은 재정이 부족한 상황에서 이들
을 지원한 베네치아와 공모로 같은 기독교 세력인 헝가리와 동로마 제국
을 공격했기 때문이었다. 1204년 동로마 제국을 정복한 십자군은 라틴 제
국을 세워 통치했지만 결국 1261년에 몰락하고 동로마 제국이 재건되었
다. 이 사건 이후 동로마 제국은 국력에 큰 타격을 입고 정치·경제적으로
급속히 쇠퇴해 갔다. 한편 십자군과 관련해 훌라구 울루스일 칸국는 새로
운 면모를 보여줬다. 13세기 후반 소아시아의 다양한 이슬람 세력들 및 이

집트의 맘루크 왕국과 투쟁하던 훌라구 울루스는 이들을 협공하기 위해 교황과 프랑스 및 잉글랜드에 연합을 제안했다. 실제로 1271년 맘루크 왕국에 맞서 제9차 십자군 원정이 이루어졌을 때 훌라구 울루스가 원병을 파견하기도 했다.

이 시기에 서유럽에서 교황을 정점으로 하는 교회의 권위는 절정을 이루었다. 예수의 생애와 언행이 민중에게 깊은 공감을 획득하면서 민중에 대한 교회의 영향력이 커져 갔다. 하지만 민중의 신앙심 강화는 교회에 대한 비판을 야기하기도 했다. 청빈이라는 예수의 가르침과 교황권에 대한 복종이라는 양자택일 중 전자를 택한 많은 신앙 운동들은 이단으로 낙인찍혀 심문과 탄압의 대상이 되었다. 한편 도시가 성장하면서 속세를 떠나는 것이 아니라 속세에서 활동하며 교회 교리를 대중적으로 공고히 하려는 탁발 수도회도 등장했다.

성직자는 중세 서유럽에서 문화적·학문적 주도권을 장악했는데 이는 대학Universitas이라는 교육기관의 등장으로 결실을 맺었다. 대학은 기존의 교회 부설 학교에서 분기한 교사와 학생의 조합에서 출발했다. 신분으로는 성직에 속했지만 국왕이나 교황 등으로부터 자치권을 인정받은 대학은 자율적인 학문 활동을 보장받았다. 물론 시간이 지나면서 대학은 국왕이나 교회 권력에 점차 종속되어 가긴 했다. 그럼에도 불구하고 교사와 학생에 대한 독자적인 사법 관할권, 학문적 토론의 자율성과 학위제도 운영 등은 전 세계에 걸쳐 이전의 고등교육기관에서는 찾아볼 수 없는 중세 서유럽 대학만의 특성이 되었다.

부분적으로 전승된 고전 학문들은 11세기 말부터 신학·법학·의학·철학에서 토론을 중심으로 발전한 '스콜라'적 방법론의 토대가 되었고 이슬람에서 유입된 방대한 고전 문헌들은 이를 가속화했다. 이베리아의 레온카스티야 왕국과 이탈리아의 시칠리아 왕국은 이슬람 세력과 직접 맞닿은 곳으로 수많은 이슬람 문물과 학문·문화적 성과들이 이곳을 통해 유럽으로 유입되었다. 아랍어로 번역되었던 그리스·로마의 고전들은 이슬람 학자들의 주석과 함께 다시 라틴어로 번역됐고 당시 유럽 학문의 중심지 역할을 하고 있던 여러 대학에서 연구되었다. 동로마와 이슬람의 다양한 철학적 경향과 학문적 성과들의 쇄도 속에서 새로운 철학 지식들은 기존의 신학 교리와 충돌하기도 했지만 토마스 아퀴나스Thomas Aquinas, 1225~1274로 대표되는 신학과 철학의 종합이 성취되기도 했다.

4. 유라시아 네트워크의 형성

11~13세기에 서유럽은 교역과 십자군 등으로 지중해에 진출하면서 동로마와 이슬람의 선진적인 문물을 받아들이는 한편, 이슬람-인도-중국으로 이어지는 전세계적인 교역망에 편입하기 시작했다. 이는 유라시아에 구축된 '몽골의 평화Pax Mongolica'를 바탕으로 가능했다. 주목할 점은 아시아 대부분의 세력들은 몽골의 침략에 의한 희생을 대가로 이 평화의 이점을 누렸던 반면 서유럽은 어떠한 비용도 지불하지 않고 유라시아의 안정된 체제에 편승했다는 사실이다. 역사사회학자 아부-루고드Janet Abu-Lughod가 종합한 '13세기 세계체제'에 따르면 서유럽은 아프로유라시아에 연쇄를 이루고 있었던 8개의 연속된 릴레이식 교역망에서 극서지역의 한 축을 이루고 있다. 서유럽 교역과 도시의 번영은 이러한 세계 교역망 편입을 통해 가속화되었다.

비교적 안정적인 유라시아 교류의 확대는 서유럽인들로 하여금 동부 지중해 지역 너머의 동쪽 세계에 대한 종교·정치·경제·문화적 호기심과 열망을 크게 자극했다. 13세기에 등장한 몽골 제국의 이슬람 압박과 종교적 관용은 시들해져 가는 십자군의 이상을 되살렸을 뿐만 아니라 몽골 제국에 대한 개종 시도로 이어졌다. 수많은 탁발 수도사들이 몽골 제국을 방문해 가톨릭 기독교를 전파하고자 했는가 하면 전설로 내려온 사제 요한의 기독교 왕국을 찾아 나섰다. 또한 베네치아의 마르코 폴로와 같은 서유럽 상인들은 동로마 이슬람 상인들과의 교역에 만족하지 않고 직접 몽골 제국까지 방문해 교역을 추진하기도 했다.

　이와 같은 활발한 교류와 교역은 몽골 제국 아프로유라시아 전체에 세계적 시야와 전망을 형성했다. 이른바 13~14세기의 '대여행의 시대'에 마르코 폴로, 조반니 카르피니, 기욤 드 뤼브룩과 같은 서유럽인들과 랍반 바르 사우마, 이븐 바투타와 같은 아랍인들은 유라시아 각지를 여행하며 다양한 기행문들을 남겼다. 이러한 과정에서 고려와 일본의 존재가 환상이 가미된 형태로 서유럽에 알려지기도 했다. 유라시아 세계 전체로 확대된 지리 정보들은 역사 서술과 지도 제작에도 나타났다. 훌라구 울루스의 라시드 알딘1250-1318은 페르시아어로 최초의 세계사라고 칭할 만한《연대기 집성》1306-1311을 집필했다. 또한 1375년 아라곤에서 제작된 〈카탈루냐 지도Atlas Catalan〉나 1402년 조선에서 제작된 〈혼일강리역대국도지도混一疆理歷代國都之圖〉는 유라시아 양 극단에서 유라시아 전 세계에 대한 다양한 정보를 지니고 있었음을 보여준다.

제3부

교류와 충돌로 빚은
근대의 여명

7장 이슬람 세계의 재편과 비유럽 세계의 문화

1. 사하라 이남 아프리카 왕국들

　기원전 2400년부터 형성된 사하라 사막으로 인해 아프리카 대륙에서는 북부와 중·남부 간에 활발한 교류가 이루어지기 힘들었다. 이에 따라 사하라 이남 지역에서는 북아프리카와는 다른 독자적 문명을 이루면서 다양한 세력들의 흥망이 이루어졌다. 그럼에도 동부와 서부의 해안가를 따라 북아프리카와 서아시아의 역사적 변화들은 여러 경로를 통해 중남부 아프리카 사회와 문화, 종교생활에 지속적인 영향을 미쳤다.

　먼저 주목해야 할 곳은 동부지역이다. 기원전 9백 년부터 나일 강 상류 지역을 장악한 쿠시 왕국은 기원전 715년에는 이집트를 정복하기도 했지만 이후 아시리아와 페르시아의 압박으로 남쪽의 원래 정착지로 축소되었다. 기원전 4세기부터는 쿠시 왕국 동남쪽으로 에티오피아의 전신인 악숨 왕국이 등장했다. 지배층이 아라비아 반도에서 건너온 세력이

쿠시 왕국의 피라미드

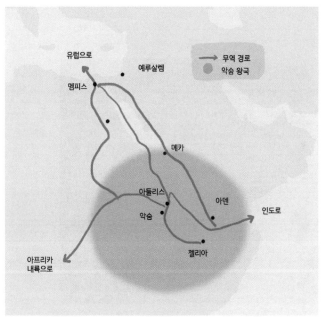

악숨 왕국

었던 만큼 악숨인들은 홍해와 인도양을 중심으로 로마와 아라비아 반도, 인도, 동남아시아를 잇는 교역로에서 활발한 활동을 전개했다. 기원후 4세기에 들어와 악숨은 쿠시를 멸망시키며 북쪽으로 영토를 확장했고 이집트를 장악한 로마 제국과는 우호 관계를 유지하는 한편 홍해 교역권을 두고 사산 제국과 경쟁했다. 같은 시기에 악숨에는 로마 제국으로부터 기독교가 유래되었고 여러 종파들 중 이집트에서 성공을 거둔 콥트교회를 수용했다. 이후 악숨은 동로마 제국과 우호 관계를 유지하면서 6세기에는 아라비아 반도 남서부를 장악하는 등 전성기를 맞이했다. 그러나 7세기 후반 이집트를 장악한 이슬람 세력의 공세로 급격히 쇠락해 갔다.

7세기 후반 아프리카 내 이슬람 세력의 확대는 가장 먼저 아랍 상인들에 의한 교역로 확장으로 이어졌다. 이로써 전통적인 홍해-인도양 무역지대인 동아프리카 외에도 낙타를 이용해 사하라 사막을 건너는 서아프리카 육로 교역망이 창출됐다. 이렇게 해서 서아프리카 지역은 이집트를

무사 1세 카탈루냐 아틀라스

포함한 북아프리카와 및 동아프리카를 잇는 교역망에 편입되었고 이슬람 및 아프리카 토착 상인들은 이를 통해 금, 구리, 상아, 소금, 향신료, 노예 교역을 실시했다. 이는 다시 인도와 중국으로 이어지는 교역로와 연결되었다.

이슬람 세력이 북아프리카를 장악하면서 이슬람교는 사하라 교역 덕택에 사하라 이남 중·남부 아프리카로도 점차 확대되어 갔다. 특히 아프리카 중서부에 위치한 와가두가나 왕국에서 무슬림 상인들의 교역활동이 활발히 전개됐다. 이르면 4세기에 성립된 와가두 왕국은 서아프리카 최초의 왕국으로 상인들에게 부과한 막대한 통행료로 큰 부를 획득했으나 11세기 중반 이베리아 반도에서 서아프리카에 이르는 광대한 지역을 장악한 알모라비드 왕국에 의해 멸망당했다. 그러나 12세기 중반 북아프리카 이슬람 세력들 간의 각축전이 더욱 심화되면서 1240년경 중서아프리카에는 토착민들에 의해 말리 왕국이 건설되었다. 이슬람을 수용한 말리 왕

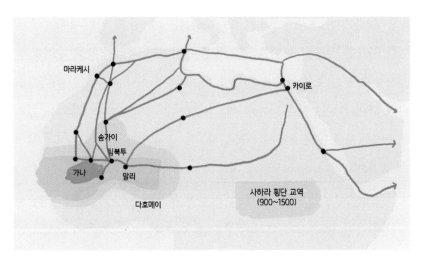

시하라 횡단 교역과 말리 왕국

국은 14세기까지 팀북투를 교역의 중심지로 삼아 크게 성장하면서 서아
프리카에서 거대 세력을 이루었다. 특히 독실한 무슬림이었던 국왕 무사
1세Musa I는 1324년 메카로 순례를 떠나면서 곳곳에 11톤의 금을 자선과 호
의로 베풀어 지중해 지역 금값이 하락할 정도였다. 무사 1세의 명성으로
더 많은 이슬람 학자와 기술자, 상인들이 말리를 방문했다.

　타 종교에도 관용을 베풀었던 이슬람은 아프리카 토착종교와 공존 또
는 융합하며 아프리카 전역으로 확산되어 갔다. 하지만 동아프리카에서
는 여전히 기독교 세력들이 명맥을 유지했다. 10~11세기 동안 악숨을 비
롯한 여러 기독교 왕국들이 이슬람으로 개종하거나 쇠약해지긴 했지만
12세기에 옛 악숨 지역에서 성장한 에티오피아 제국은 서쪽의 알와, 툰주
르 왕국과 함께 동아프리카에서 기독교를 부흥시켰다. 한편 악숨 및 에티
오피아 남쪽으로 이어지는 지역현재 소말리아, 케냐, 탄자니아, 모잠비크의 동부 해안가
일대에는 7세기부터 아라비아 반도에서 남하한 무슬림 상인들이 상관商

點을 설치하며 인도양 무역권을 확대해 나갔다. 아덴 만 양안에 확고한 세력을 구축한 무슬림 상인들은 모가디슈, 말린디, 몸바사 등을 교역의 중심지로 활발한 교역 활동을 벌였다. 아프리카 남동쪽에 위치한 마다가스카르 섬 또한 인도양 교역권의 핵심 지역으로 성장했다. 기원후 1세기부터 인도네시아 군도의 여러 부족들이 인도에서 아라비아 반도, 동아프리카 해안가를 따라서 이동하며 정착하기 시작했고 9세기에도 타밀_{인도 동남}_부 지역에서 성장한 촐라 왕국의 침략을 받은 인도네시아인들이 인도양을 횡단해 마다가스카르 섬으로 이주했다. 동시에 아바스 제국의 탄압을 받은 시아파 무슬림들이 섬 북쪽에 정착했다.

2. 남인도 왕국들

  인도 타밀 지역에서 9세기부터 두각을 나타내기 시작한 촐라 왕국은 이슬람화 과정이 진행된 북인도 지역과 달리 힌두교와 카스트 제도를 유지했다. 10세기 말 스리랑카를 정복하고 11세기 초에는 스리위자야 왕국까지 공격해 말레이 반도와 수마트라 섬까지 장악했다. 또한 북쪽으로도 영토를 넓혀 갠지스 강 하구까지 영토를 확장했다. 인도 동부와 남부, 인도네시아를 차지한 촐라 왕국은 농업과 상공업에서 막대한 생산량을 자랑했고 말라카 해협을 장악해 인도양 교역의 주도세력으로 성장했다. 하지만 11세기 말부터는 피정복민 세력의 저항을 감당하지 못하고 왕국은 본래의 타밀 지역으로 축소됐다가 13세기 말에 몰락했다. 이후 14세기 초 델리 술탄 왕조의 이슬람 지배를 거부한 힌두교 집단이 옛 촐라인들과 함께 비자야나가르 왕국을 세웠다. 해양 진출보다는 인도 중부지방_{데칸 고원}으

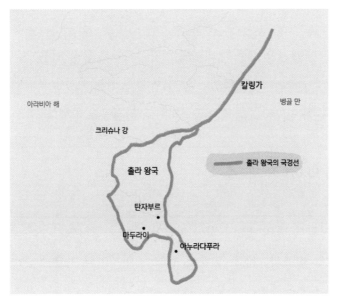

칼링가

아라비아 해

벵골 만

크리슈나 강

촐라 왕국

촐라 왕국의 국경선

탄자부르

마두라이

아누라다푸라

촐라 왕조

로 팽창한 비자야나가르 왕국은 인도 동남부 해안가와 서남부 해안가를 매개하는 교역 활동으로 크게 성장해 중국, 페르시아, 이탈리아 상인들까지 방문했다. 이후 비자야나가르 왕국은 16세기 데칸 고원에 새로 등장한 이슬람 세력들의 공격으로 쇠퇴하다가 17세기 중반에 몰락했다.

14세기에는 사하라 이남 동·서아프리카와 이집트 및 북부 아프리카, 아라비아 반도에서 서아시아를 거쳐 인도, 동남아시아에 이르는 교역 활동이 활기차게 진행됐다. 1405년 시작된 정화의 원정은 바로 이 교역로를 따라 마다가스카르까지 도달할 수 있었다. 아프로유라시아 대륙을 둘러싼 인도양 교역권은 육상 교역권과 마찬가지로 다양한 교역권들의 연쇄망으로 이루어져 있었으며 어떤 한 왕국이나 종족이 전체 교역망을 독점하지도 않았다. 아랍인, 페르시아인, 인도인, 동남아시아인 등 교역의 주체는 다원적이었으며 교역에 무력을 동원한 정치권력이 직접 개입하는 경우도 드물었다. 하지만 1498년 바스쿠 다 가마가 비자야나가르 왕국 서부에 위치한 코지코드Kozhikode[캘리컷]에 도착한 이후 상황은 돌변했다. 포르투갈인들은 무력을 동원해 인도양 교역권을 폭력적으로 독점하고자 했다.

3. 서아시아·인도의 이슬람 제국들

13세기 몽골 세력이 중앙아시아 및 서아시아 전역을 장악했지만 인도 북부의 델리 술탄 왕조와 이집트 맘루크 왕조, 소아시아의 이슬람 군소 왕국들 등 튀르크계 왕조들은 몽골특히 훌라구 울루스에 맞서며 동부 지중해에 세력을 형성했다. 이 가운데 1299년 소아시아에 위치한 튀르크계 룸 술탄국이 쇠퇴하면서 그 구성원 중 하나인 오스만 가문이 독립을 선포했다. 소아시아의 소국에서 시작한 오스만 튀르크 왕조1299~1922는 14세기 동안 동쪽으로는 훌라구 울루스를 압박하며 소아시아 전역을 장악했고 서쪽으로는 동로마 제국과 불가리아, 세르비아, 헝가리에 승리해 발칸반도로 영토를 확장했다. 오스만 제국은 술탄의 칭호까지 사용하게 되었으나 14세기 말 서아시아에서 급성장한 티무르 왕국의 공격으로 세력 팽창에 제동이 걸리기도 했다.

스스로 칭기즈칸의 후예라 자처한 티무르는 14세기 후반 훌라구 울루스 해체 이후 혼란한 서아시아 지역을 평정하고 거대한 제국을 세웠다1370. 그는 제2의 몽골 제국을 건설하겠다는 야심을 갖고 무자비한 공격정책으로 세력을 급격히 팽창했지만 명明 정복을 계획하던 중 병사했다. 이후 티무르 왕조는 평화와 안정을 추구하며 문예부흥에 힘썼지만 티무르 시기의 폭압에 저항하던 여러 지역 세력들의 도전으로 1507년 몰락했다.

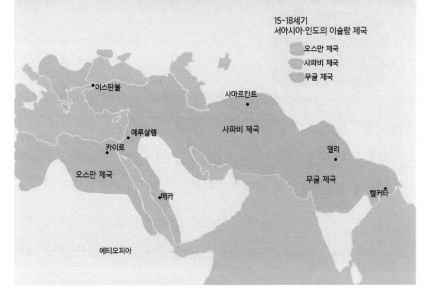

인도의 이슬람 제국들

　티무르 세력으로부터 큰 타격을 받았던 오스만 제국은 그가 사망한 이후 소아시아와 발칸반도, 흑해 지역으로 영토를 더욱 확대했다. 특히 1453년 술탄 메흐메트 2세Mehemed II는 콘스탄티노폴리스를 정복해 동로마 제국을 멸망시켰다. 그는 성 소피아 성당을 이슬람 사원으로 개조하고 도시명을 이스탄불로 개명했다. 이로써 과거 동로마 제국 지역은 모두 오스만 제국에 편입되었다. 이후 술레이만 1세 치세Suleiman I, 재위 1520~1566는 제국의 전성기를 이루었다. 맘루크 왕조를 멸망시켜 이집트와 레반트 지역을 장악했고 그 이후에는 북아프리카와 메소포타미아 지역, 아라비아 반도 서부까지 방대한 영토를 확보했다.

　이렇게 해서 오스만 술탄은 이슬람교 성지인 메카와 메디나의 보호자이자 수니파 이슬람의 수장으로서 할리파의 직위도 계승했다. 그러나 오스만 제국은 다종족·다종교 공존 체제를 유지했다. 그리스 정교·아르메니아 기독교·유대교 등을 믿는 비무슬림에게도 세금만 납부하면 이슬람교를 강제하지는 않았으며 각 종교별 자치공동체인 밀레트Millet를 허용했다.

이를 바탕으로 이질적인 종교와 민족들이 오스만 제국의 틀 안에 안정적으로 통합되었다. 또한 술탄은 소아시아와 발칸반도에서 건장한 기독교도 청년들을 의무적으로 차출해 이슬람교로 개종시킨 후 술탄의 친위 부대인 예니체리나 전문 관료로 육성했다.

16세기 이후 아시아, 유럽, 아프리카 세 대륙에 걸쳐 팽창한 오스만 제국은 동쪽으로는 서아시아에 새로 등장한 사파비 제국과, 서쪽으로는 서유럽 기독교 세계와 충돌했다. 16세기 초 동진 정책을 추진하며 티무르 제국 몰락 이후 급성장한 페르시아계 사파비 제국과 크게 충돌했다. 한편 술레이만 1세는 서진 정책을 추진하며 지중해 지역으로 세력을 확장하면서 헝가리 및 합스부르크 제국과 충돌했다. 이 와중에 헝가리 왕국은 결국 17세기 말까지 오스만과 합스부르크 제국 간에 양분되었다. 16세기 후반에는 합스부르크 가문의 에스파냐가 기독교 세력의 맹주로 오스만 제국과 지중해 주도권을 두고 격돌했다. 1571년 레판토 해전 패배는 오스만 제국에 바로 큰 충격을 준 것은 아니었지만 장기적인 차원에서 제국 쇠퇴의 출발점을 알렸다. 이후 상징적인 가치만 지니게 된 술탄의 권력 약화, 그리고 술탄 즉위 여부를 좌우하게 된 보수적인 근위대 예니체리의 횡포와 내정문란은 17세기부터 오스만 제국의 쇠퇴를 가속화했다.

한편 16세기 초 혼란한 서아시아 지역을 평정한 사파비 제국은 동부에 마찬가지로 새로 등장한 인도의 무굴 제국과는 평화로운 관계를 맺었다. 하지만 서쪽의 오스만 제국과는 16세기 말부터 17세기 전반기까지 치열한 전쟁을 펼쳤다. 신흥 사파비 제국이 시아파 이슬람을 내세우자 레판토 해전 이후 오스만 제국은 이를 견제하기 시작했다. 양국 간의 충돌 초기에 유럽식 총포로 무장한 오스만군은 구식 무기를 지닌 사파비군을 크게 격파했다. 하지만 아바스 1세Abbas I, 재위 1588~1629는 잉글랜드 등 유럽 각국과 교역하고 산업도 장려하는가 하면 이들로부터 신식 무기를 도입해 제국의 중흥을 이끌었다. 북쪽으로 우즈베크인들을, 서쪽으로는 오스만 제국을 견제하며 영토를 확장했다. 또한 포르투갈인들이 신항로 개척을 통해 페르시아 만에 무단 정착하자 경쟁세력인 잉글랜드를 끌어들여 척결하기도 했다. 그러나 아바스 1세 사후 사파비 제국은 오스만 등 주변 세력들의 침탈과 왕권 약화로 쇠약해졌고 무리한 과세와 수니파에 대한 탄압은 민중의 불만을 야기했다. 또한 네덜란드와 잉글랜드 동인도회사의 인도양 교역로 장악은 경제적 압박을 가중시켰다. 이후 아프간족의 침입으로 사파비 제국은 1736년에 몰락했다.

사파비 제국이 등장한 지 얼마 후 티무르의 후손인 바부르는 1526년 델리 술탄 왕조 중 마지막인 로디 왕조를 멸망시키고 나아가 동북부인 벵골 지역까지 점령해 북인도 지역을 장악했다. 건국 이후 아프간인의 봉기로 수르 제국1540~1555이 들어서기도 했지만 곧 몰락했고 무굴 제국은 아크바르 황제Akbar, 재위 1556~1605 치세부터 재도약했다. 통치 제도를 정비하고 농업 생산력을 증대시켰으며 상공업을 확대해 무굴 제국은 포르투갈, 에스파냐, 네덜란드와 교역했다. 소수 지배층의 정복으로 건설된 무굴 제국은 토착민들로부터 지지를 획득하기 위해 힌두교 등 다른 종교에 대해서도 관용정책을 펼쳤으며 다른 이슬람 왕국에서 비무슬림에게 부과하던 인두세지즈야도 폐지했다. 이러한 배경에서 이슬람교와 힌두교의 장점만을 취하되, 인도의 차별적인 폐습을 배격하고 인간의 절대 평등을 주장하는 시크교가 형성되기도 했다.

17세기에 무굴 제국은 절정기를 이루었다. 라지푸트와 벵골에서 반란이 일어났지만 무굴 제국의 관용책은 반란 세력을 충직한 동반자로 만들었다. 면직물, 견직물, 염료, 향신료 등을 중심으로 유럽과 중국 각지와 교역이 이루어졌고 인구 20만 이상의 도시가 9개에 달했다. 또한 대표 건축물인 타지마할이 보여주듯 페르시아와 인도, 이슬람과 힌두 사이에 문화 융합이 이루어졌으며 종교 갈등도 드물었다. 17세기 후반 아우랑제브 황제Aurangzeb, wodnl 1658~1707는 데칸 고원의 이슬람 소국들을 병합해 남쪽으로 영토를 확장해 제국의 최대 판도를 형성했지만, 선왕들과 달리 이슬람 우선주의에 입각한 차별정책을 실시했다. 이는 시크교도나 힌두교도와 같은 비무슬림 세력들의 불만과 저항을 일으켰다. 결국 18세기에 이르러 제위 계승 분쟁이 뒤얽히면서 무굴 제국은 북인도의 일부 지역으로 크게 축소됐고 인도는 마라타 왕국이나 마이소르 왕국 등 다양한 세력들로 분열되었다.

4. 대항해 시기 이전의 아메리카 문명

아프로유라시아에서 다양한 문명과 세력들이 성장하고 상호교류가 이루어지고 있는 동안 아메리카 대륙에서도 중앙아메리카와 남아메리카에서 주목할 만한 문명이 성장했다. 중앙아메리카 멕시코 만에 위치한 올메카 문명은 중앙아메리카 전역에 큰 영향을 미쳤는데 지리적으로 보면 북서쪽의 멕시코 고원과 동쪽의 유카탄 반도로 구분할 수 있다. 먼저 멕시코 고원에 번성한 테오티우아칸Teotihuacán 문명이 주목할 만하다. 4~5세기 전성기에 인구가 20만 명에 육박한 것으로 추정되는 테오티우아칸 문명은 강력한 군사력을 바탕으로 주변 부족들과 연맹체를 구성했다.

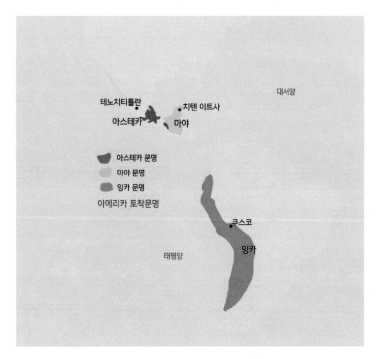

대서양

테노치티틀란

치텐 이트사

아스테카

마야

■ 아스테카 문명

마야 문명

잉카 문명

아메리카 토착문명

쿠스코

태평양

잉카

아메리카 토착 문명

 다음으로 평야지대인 유카탄 반도에는 4세기부터 마야Maya 문명이 꽃
피웠다. 올메카 문명을 직접 계승한 마야 문명은 독자적인 문자를 사용
했으며 20진법과 광범위한 천문 지식으로 정교한 달력을 제작했다. 또한
거대한 계단식 피라미드 신전을 건축하고 인신공양 의식을 진행했다. 하
지만 마야 문명은 알 수 없는 이유로 10세기에 돌연 소멸했다. 한편 멕시
코 고원에서 7세기에 테오티우아칸 문명이 소멸된 이후 10세기에 톨테카
Tolteca 문명이 등장했다. 강력한 군사력을 바탕으로 성장한 톨테카인들은
멕시코 고원에서 유카탄 반도로도 나아가 이미 몰락한 마야 문명의 자리
에 옛 마야인들과 함께 신新 마야 문명을 세웠다.

 13세기에 들어서 멕시코 고원 북부에서 남하한 아스테카인이 1325년 테

잉카 문명 마추픽추

노치티틀란Tenochtitlan 시를 건설하고 '멕시카'라 지칭하며 세력을 확장하기 시작했다. 톨테카 문명을 멸망시킨 아스테카는 여러 부족들을 정복하며 15세기에 동쪽으로 대서양, 서쪽으로 태평양에 이르는 제국으로 성장했다. 하지만 아스테카 황제들의 가혹한 원정과 폭압적 통치로 피정복민들의 불만은 격화되어 에스파냐 정복자들에 의한 아스테카 멸망의 원인이 됐다.

남아메리카에서는 노르테 치코 문명 이후 현재의 페루 해안가에 다양한 문명들의 흥망이 이어졌다. 페루 북서부 해안가에는 모체 문명Moche, 기원후 2~8세기, 남서부 해안가에는 거대한 지상화로 유명한 나스카 문명Nazca, 기원전 1~기원후 9세기, 더 남쪽으로는 티우아나코 문명Tiahuanaco, 6~11세기이 이어졌다. 그리고 12세기부터 페루 남부 안데스 산맥에 위치한 쿠스코를 중심으로 잉카 문명Inca이 발전해 나갔다. 주변 지역들을 정복한 잉카는 15세기 중반 제국을 선언하며 16세기 전반까지 영토를 계속 팽창했다. 잉카 제국은 태양신 숭배와 신전, 정교한 통신망, 마추픽추로 대표되는 뛰어난 건축술, 계단식 밭 등 독특한 문화를 남겼다. 하지만 제위 계승 분쟁과 에스파냐인들로부터 전파된 전염병은 잉카 제국을 몰락으로 이끌었다.

8장 동아시아의 대교역 시대

1. 명의 흥기와 조공무역

14세기 중엽 유럽에서는 이상기후로 흉작이 이어지고 흑사병이 유행해 인구가 크게 감소했다. 동아시아 역시 예외는 아니어서 기근과 홍수 역병이 이어지면서 원元의 중국 지배가 크게 동요했다. 이러한 가운데 호주濠州, 현 안후이성 평양현 출신의 주원장朱元璋은 백련교 일파인 홍건군紅巾軍에 가입해 두각을 나타낸 후 마침내 1368년 난징南京을 도읍으로 해서 명을 건국하고 연호를 홍무洪武로 정했다.

한반도와 일본에서도 14세기는 동란의 시대였다. 한반도에서는 이성계李成桂가 고려를 무너트리고 1392년 조선왕조를 세웠으며, 일본에서는 1336년 교토에 무로마치 막부가 성립하고 새로운 천황을 옹립하자 이전 천황이 요시노吉野로 달아나면서 두 명의 천황이 정통성을 주장하며 다투는 이른바 남북조 동란이 60여 년간 지속되었다.

이민족 왕조를 몰아낸 명 태조재위 1368~1398 홍무제는 원의 복장과 언어, 변발을 금지하고 전통적 중화의 풍속을 회복했다. 그는 유기劉基·송렴宋濂 등 유교적 소양을 지닌 지식인을 등용해 예禮와 법法질서를 확립하고 과거제를 전면 실시했다. 또한 전국적인 인구조사와 토지조사를 실시해 현물로 세금을 부가했으며 이를 기초로 이갑제里甲制*를 시행해서 향촌 질서를 안정화시켰다.

홍무제는 연해민이 왜구·해적과 결탁하는 것을 방지하기 위해 '해금령海禁令'을 내려 민간의 사무역私貿易을 일체 금지하는 대신 조공무역朝貢貿易을 장려했다. 조공이란 주변 제국이 미리 시기나 경로를 정해 사절단을 파견해 중국 황제를 배알한 후 공물을 바치면 중국 측에서는 정해진 의례에 따라 공물에 대한 답례로 물품을 하사해 돌아가게 하는 일련의 과정을 말한다. 중국에서는 청 말에 이르기까지 외교업무를 전담하는 기관이 없이 의례를 담당하는 예부에서 조공 사무를 처리했다. 이는 오늘날 주권국가 간의 국제 관계와는 매우 다른 중국 중심의 체제 질서였다.

조공무역은 영락제永樂帝 재위, 1402~1424 시기에 더욱 장려되었다. '정난靖難의 변變'을 통해 조카인 건문제建文帝, 재위 1358~1402를 몰아내고 황제에 즉위한 영락제는 황위 찬탈의 오명을 씻기라도 하듯 일생을 영토 확장에 주력했다. 여러 차례 직접 군사를 거느리고 몽골세력을 물리쳤으며, 남쪽으로는 베트남 북반부를 점령했다. 영락제의 열정적인 조공무역 진흥책으로 인해, 중국에 조공을 바치는 나라는 점점 늘어났다. 조선은 태종 시기에 영락제로부터 '조선국왕'에 봉해지게 되며, 일본 역시 9세기 말 견당사가 폐지된 후 단절되었던 조공무역이 이 시기에 다시 실시되었다. 무로마치 막부室町幕府의 3대 쇼군將軍 아시카가 요시미쓰足利義滿가 '일본국왕'에 봉해진 것은 바로 이 시기다.

영락제는 동남아시아를 비롯한 여러 세계에도 세력을 더욱 확장하기 위해 해외원정대를 파견했다. 이른바 정화鄭和의 대원정이다. 정화는 윈난

성雲南省 쿤밍昆明의 무슬림 가문 출신의 환관이다. 본래 마馬씨였으나 영락제가 정난의 변을 일으키는 데 군공을 세워 '정'씨 성을 하사받고 삼보태감三保太監에 임명되었다. 정화의 해외원정은 영락제 시기에 여섯 차례, 선덕제宣德帝, 재위 1425~1435 시기에 한 차례 해서 모두 일곱 차례1405~1433 진행되었다. 제1차 선단은 62척에 2만 8천 명의 규모였는데, 콜롬보가 제1차 항해를 할 때 배 3척에 승무원이 겨우 90명 정도였음을 감안하면 정화 선단의 규모가 어느 정도 거대했는지를 짐작할 수 있다. 1930년 푸젠성福建省에서 발견된 《천비영응지기天妃靈應之記》에 의하면 정화는 총 일곱 차례에 걸쳐 동남아시아를 비롯해 인도 아프리카에 이르기까지 총 30여 개국을 방문했다. 매번 항해할 때마다 말라카를 거쳤는데, 말라카는 태평양과 인도양의 교통 요충지로 정화는 이곳에 정박해 물품을 보충하고 선박을 수리했다. 당시 수마트라나 자바에는 다수의 화교들이 정착해 살고 있었는데, 정화는 화교들의 분쟁을 조정하기도 해서 명나라의 위신을 높였다고 한다.* 영국의 역사학자 토인비는 15세기 후반 정화의 해외 원정에 비견할 수 있는 것은 세계 어느 곳에도 없었고, 이러한 상황이 지속되었다면 중국은 명실상부한 전 세계 '중심 국가'로 성장했을 것이라며 감탄했다. 그러나 정화가 죽은 후 명은 문호를 굳게 닫은 채 바다 밖으로 더 이상 나서지 않았고 조공무역도 급감했다.

* 정화 함대는 종래의 교역 네트워크를 이용해서 대항해에 나선 것이었다. 하지만 중국을 정점으로 조공무역의 범위를 넓혀가는 것을 지향했기 때문에, 이를 계기로 아시아 역내 각국은 정화의 항해 루트를 따라 중국에 조공사절을 파견하게 되었다.

영락제 사후 몽골에서는 대칸 에센?~1455이 여러 부족들을 통합해서 대세력으로 성장해 자주 화북지역을 침입했다. 당시 실권을 잡고 있던 환관 왕진王振은 관료들의 반대를 물리치고 정통제正統帝, 재위 1505~1521를 옹위해서 50만 대군을 이끌고 몽골을 정벌하러 갔다. 그런데 베이징 북방의 토목보

만리장성

土木堡에서 몽골군의 급습을 받아 황제 자신이 포로로 사로잡혔다. '토목보의 변'으로 불리는 이 사건 이후 명은 몽골에 대해 오로지 방어적 방침을 취해 만리장성의 구축과 보수를 단행했다. 만리장성을 정비하고 군수물자를 북방으로 운송하는 데 많은 은銀이 소요되었다. 북방으로 들어간은이 다시 돌아 나오지 않자 농촌은 극심한 은 부족 현상에 시달렸다. 은을 입수하지 못해 세금이나 요역을 감당하지 못하게 된 농민은 토지를 버리고 도망하는 등의 사태가 발생했다.

은 부족을 해소하기 위해 중국은 일본의 은으로 눈을 돌렸다. 그러나 명나라 초기부터 '해금'정책을 취해 일본과 무역을 금지했었기 때문에 일본과의 교류는 '해금'정책을 위반하는 불법 교류를 통해 이뤄졌다. 이 시기 '왜구'가 활발히 활동했던 것은 바로 이런 사정과 관계가 깊다. 명나라가 극단적 폐쇄 정책을 취해 사무역이 힘들어지자, 밀무역으로 이익을 보려고 했던 것이다. 중국 내 은 부족 현상이 심해질수록 밀무역을 통해 얻을 수 있는 이익은 천정부지로 치솟았다. 명대 중엽은 북방 변경의 긴장 고조와 함께 남쪽에서는 왜구 활동이 최고조에 달한 시기로 이를 '북로남

왜北虜南倭'라 한다. 북로와 남왜가 활동하는 변경 지역은 긴장 고조와 함께 많은 은이 흘러넘치는 경제 호황지대이기도 했다. 명은 이 호황지대를 둘러싼 여러 세력이 패권 싸움을 하는 가운데 서서히 무너져 갔다.

2. 청의 성립과 대제국 건설

북방 여진족 출신의 누르하치는 17세기 초 동북지역을 거의 평정해서 한汗에 즉위하고 국호를 금金, 12세기 금나라와 구별하기 위해 '후금'이라고 한다이라고 했다. 누르하치는 팔기제八旗制를 통해 군사력을 강화한 후 명에 '칠대한七大恨'을 내걸고 마침내 선전포고를 했다. 누르하치는 샤르후전투에서 명에 대승을 거두지만, 이후 명의 본토를 공격하기 위해 산해관을 함락시키는 과정에서 입은 부상으로 사망했다. 그 뒤를 이은 홍타이지는 서북방의 몽골족을 평정한 후, 마침내 1636년 여진, 몽골, 한인 유력자들의 추대를 받아 황제에 즉위했다. 새롭게 국호를 '청淸'으로 변경하고 민족의 명칭을 문수보살 신앙에서 유래하는 '만주滿洲'라고 했다. 홍타이지는 중국 본토를 침략하기에 앞서 후방의 안전을 도모한다는 명목하에 조선을 침략했다. 이른바 '병자호란'이다. 청의 강력한 군사력 앞에 남한산성에서 저항하던 인조仁祖는 결국 삼전도三田渡에서 투항했다. 홍타이지에 이어 즉위한 순치제順治帝, 재위 1643~1661는 1644년 이자성의 난으로 멸망한 명을 이어 중국 대륙의 지배자가 되었다.

순치제의 뒤를 이어 즉위한 강희제재위, 1661~1722가 당면한 최대 난제는 삼번의 난이었다. 본래 소수의 만주족이 중국 대륙을 점령하는 데에는 한인 무장들의 공이 컸다. 그중 대표 인물이 상가희尚可喜, 1604~1676·경중명耿仲

明, 1604~1649·오삼계吳三桂, 1612~1678다. 청은 이들의 공을 높이 사서 상가희를 평남왕平南王, 광동, 경중명의 아들 경계무耿繼茂를 정남왕靖南王, 푸젠, 오삼계를 평서왕平西王, 윈난·꾸이저우에 봉했는데, 이를 삼번이라고 한다. 이들은 거의 반독립 상태에 있었는데, 강희제 시기 중앙집권체제 확립을 위해 이들의 세력을 약화시키려 하자 반란을 일으켰다. 삼번의 난은 한때 양쯔 강 이남을 차지하는 대 반란으로 커졌지만, 한인들의 지지를 얻지 못한 채 진압되었다. 한편, 명의 유신들은 푸저우福州에서 융무제隆武帝, 재위 1645~1646를 추대해서 청에 저항했는데, 당시 동남 연안의 최대 해상세력인 정성공鄭成功, 1624~1662 세력이 이를 지원했다. 정성공은 해상무역을 통해 얻은 이익을 기반으로 대군단을 거느리면서 오랫동안 청에 저항했지만, 천계령遷界令 등 청의 압박에 무너져 멸망했다.

강희제가 청대 초기의 해금령을 해제하고 해상무역을 재개하자 동남아시아와의 범선무역은 다시 활발해졌다. 그는 러시아와 네르친스크조약 1689을 체결해서 북방을 안정시켰다. 네르친스크조약은 헤이룽강黑龍江 유역에서 양국의 국경을 확정한 후 통상무역을 체결한 조약으로 중국이 외국과 맺은 최초의 평등 조약이다. 강희제는 또한 티베트에 군대를 보내 몽골계 종족인 준가르를 물리치고 주장대신駐藏大臣을 파견해 세력을 확대했다. 또한 유학을 장려하고 예수회 선교사 들을 통해 서양의 과학기술을 받아들였다. 옹정제는 청나라의 지배체제를 견고하게 구축한 인물로 만주족과 한인을 구분하지 않고 실력과 성실함을 기준으로 관료를 평가했다. 그는 주접奏摺*제도를 더욱 확대해 황제권을 강화했다. 건륭제는 강희제와 옹정

* 주접이란 일반 상주문과 달리 황제가 측근을 비밀리에 파견해 지방의 정세를 보고하게 한 것으로 지방관을 감시하는 기능을 했다. 그런데 옹정제 시기에는 일반관료들도 중요 안건에 대해서는 주접을 통해 보고를 하고 그 지시를 받았다. 주접은 황제와 팔기간의 긴밀한 인간관계를 관료에까지 확대한 것으로 황제독재체제를 강화하는 데 중요한 역할을 했다.

신장 위구르 자치구

제가 축척해 둔 견실한 국가재정을 재원으로 삼아 영토 확장에 주력했다. 청의 최대 위협세력이었던 준가르를 멸망시키고 톈산남로天山南路 부근의 위글족을 평정해서 중국사상 최대 판도를 구축했다. 이 지역은 새로운 강역이라는 의미에서 '신장新疆'이라고 불렀다. 강희·옹정·건륭시대를 통해 청은 전성기를 구가하면서 대제국을 건설하게 되었다.

3. 예수회 선교사의 활동과 서학

16세기 종교개혁 시기 가톨릭교회를 지키고 내적 쇄신을 추구하기 위해 1534년 성립된 예수회 소속 선교사들은 세계 각지에서 기독교 전파에 힘썼다. 그중 중국 포교를 위해 활동한 유명한 인물로 마테오 리치Matteo Ricci, 1552~1610, 리마두[체瑪竇]가 있다. 그는 명 만력 연간 광동에서 중국 최초의 천주교 성당을 건립하고 기독교를 전파했다. 중국어 및 중국문화에서 박식했던 그는 '서양의 유학자泰西之儒士'라 불리며 유학자들에게도 존경받았다. 그는 유학의 교리에 의거해 기독교를 설명한 《천주실의天主實義》를 저술해서 중국뿐만 아니라 동아시아에 커다란 영향을 미쳤다. 이외 이지조李之藻, ?~1631와 함께 중국 최초의 세계지도로 유명한 《곤여만국전도坤輿萬國全圖》를 편찬했으며, 서광계徐光啓, 1562~1633와 함께 수학의 원리를 설명한 《기하원본幾何原本》을 편찬했다.

마테오 리치 사후 예수회 선교사들은 유교와의 조화를 거부하고 대립하는 자세를 표방하면서 활동이 크게 위축되었다. 예수회 선교사의 활동이 다시 활발해지는 것은 청대에 들어서다. 그들은 천문학 분야 및 지도 작성, 공학 문제에 대한 자문으로 활동하면서 베이징에서 예배를 드릴 수 있는 자유도 획득했다. 초기 유명한 인물로 독일 예수회 선교사인 아담 샬1591~1666, 중국명 탕약망[湯若望]이 있다. 그는 청 건국 후인 1645년 천문과 역법을 담당하는 흠천감欽天監의 최고 책임자인 감정監正에 임명되었다. 그는 천문의 움직임이 인간계의 길흉을 결정한다는 중국의 전통적인 믿음을 비판하고 과학 법칙을 주장했다. 그러나 청조는 스스로가 하늘에 의해 결정된 왕조라는 점을 강조했기 때문에 이 논리를 받아들일 수 없었다. 아담 샬의 주장에 대해 양광선楊光先은 서양 역법이 잘못되었으므로 이전 역법으로 돌아갈 것을 주장하며 기독교를 사교邪敎라고 부정했고, 아담 샬은 감옥에 수감되었다. 그러나 새롭게 흠천감을 맡게된 양광선은 천문학에 대해 깊은 지식이 없었기 때문에 선교사 페르비스트Ferdinand Verbiest, 1623~1688, 중국명 남회인[南懷仁]로부터 비판을 받았다. 이에 강희제는 1668년 선교사와 흠천감 쪽에 기둥의 그림자가 수일 후 어느 방향으로 길어지는지를 계산하는 대결을 벌이게 했는데, 그 결과 선교사 쪽의 계산이 정확하자 양광선은 흠천감에서 쫓겨나게 되었다. 서구 문물을 좋아했던 건륭제는 별궁 원명원圓明園에 있는 장춘원長春園에 예수회 신부인 부노와Michel Benoist, 카스틸리오네Giuseppe Castiglione에 의뢰해서 베르사유 궁전을 모방해 분수가 설치된 서양식 건물을 건립했다.

　청조는 천문학이나 과학기술 방면에는 관심을 기울였지만, 기독교 신앙을 받아들이는 데에는 관심이 없었다. 특히 옹정제 시기 프란시스코파와 도미니크파를 비롯한 예수회 선교사들이 조상에 대한 제사를 부정하자 청조는 기독교의 포교를 금지했다. 이 정책은 청말 열강의 압력에 의해 기독교 포교가 허용될 때까지 지속되었다.

4. 유럽인의 내항과 근세 일본

　15세기 중반 '오우닌의 난'으로 하극상의 풍조가 만연해진 가운데 일본 각지에서 1백 여 년간 전쟁이 끊이지 않았다. 이를 센코쿠시대戰國時代라고 하는데, 이 시기 토지와 인민을 직접 지배하는 센코쿠 다이묘戰國大名가 등장했다. 그즈음 유럽은 대항해 시대를 맞이해 아메리카, 아프리카, 아시아대륙에 진출하기 시작했는데, 그 중심에 선 나라가 포르투갈과 에스파냐이다. 1496년 희망봉을 돌아 아시아에 도착한 포르투갈은 중국의 마카오를 거점으로 향료나 비단 등의 동양무역을 독점했다. 1543년 폭풍우를 만나 규슈 남부의 다네가시마種子島에 우연히 표류한 포르투갈 상인이 일본에 철포를 전해 주었는데, 이 철포는 센코쿠 다이묘의 전술을 크게 변화시켰다. 포르투갈은 일본의 은과 중국의 생사生絲를 중개하는 동아시아

산킨고타이 행렬도

최대의 무역 노선을 확보해 막대한 이익을 취했다. 또한 프란시스코 사비에르ST. Francisco Xavier, 1506~1552가 규슈에 도착해 포교했다. 일본에서는 기독교를 받아들인 다이묘를 '기리시탄 다이묘'라고 했다. 그러나 도요토미 히데요시豊臣秀吉는 전국을 통일하는 데 기독교가 장애가 된다고 여겨 포교를 금지하고 선교사를 추방했다. 기독교인들은 체포되어 처형되는 수난의 시대를 겪게 되었다. 포르투갈과 에스파냐가 일본에서 추방된 후 그 틈새를 파고들어온 나라가 네덜란드다. 네덜란드는 종교와 무역을 분리해서 동인도회사가 무역을 담당했기 때문에 에도막부로부터 내항을 승인받을 수 있었다. 네덜란드 동인도회사는 에도막부의 명령에 따라 나가사키 데지마出島에 상관商館을 설치하고 각 도시에 출장소를 설치해 일본 무역을 독점했다.

한편, 전국을 통일한 도요토미 히데요시는 통일 과정에서 몰락한 다이묘, 호족, 일반 무사의 불만을 해소해야 하는 과제에 부딪혔다. 게다가 중국과 인도를 정복해 대 아시아제국을 만들겠다는 거대한 야망도 품고 있었다. 마침내 1592년 명나라를 치러 간다는 구실로 15만여 명의 군사를 동원해 조선을 두 차례에 걸쳐 침략하니 임진·정묘왜란이다. 일본군의 침략으로 조선은 전 국토가 유린당하는 막대한 피해를 입게 되었다. 그러나 이순신 장군의 활약과 명나라 군대의 참전으로 승승장구하던 일본군의 기세가 꺾였다. 전선이 교착상태에 빠진 가운데 1598년 히데요시가 병사하자 일본군의 철수로 7년에 걸친 전쟁은 막을 내렸다. 임진·정묘왜란은 '도자기 전쟁'이라고 불릴 정도로 일본은 조선에서 많은 도공들을 회유하거나 납치해서 데리고 갔다. 당시 일본의 다이묘 사이에서는 다도가 유행해서 차를 마실 다기가 필요했지만, 일본의 도자기 기술이 조선에 비해 훨씬 미치지 못했기 때문이다. 이리하여 조선의 도공에 의해 사쓰마薩摩 자기와 아리타有田 자기가 등장하게 되었다. 현재 아리타의 도잔신사陶山神社에는 당시 일본으로 끌려와 도자기 기술을 전수해준 이삼평李參平을 도자기의 시조로 받들어 모시고 있다.

임진·정묘왜란은 동아시아 삼국의 형세에 커다란 변화를 불러일으켰다. 조선에 지원군을 보낸 명나라는 막대한 군사 재정의 부담을 지게 되어 몰락의 길을 걷게 되었으며, 조선 역시 왕권의 교체는 없었지만, 그에 버금가는 인적·물적 손실과 고통을 당했다.

일본에서는 도요토미 히데요시 사망 후 도쿠가와 이에야스德川家康가 전국에 대한 지배권을 확립했다. 이에야스는 조정으로부터 세이다이쇼군征夷大将軍의 칭호를 하사받아 무사 정권의 전통을 계승하면서 에도江戸, 현 도쿄에 막부를 창시했다. 에도막부는 다이묘에게 영지를 하사해서 지배하게 했는데, 이 영지를 '번藩'이라하고 막부와 다이묘가 각각 토지와 인민을 지배하는 체제를 '막번체제'라고 한다. 에도막부는 대외적으로 쇄국정책을 실시해 해외무역을 독점했으며, 다이묘의 무력을 제한·감찰하는 무가제법도武家諸法度를 제정·반포했다. 또한 다이묘를 격년제로 에도에 나와 근무하게 하는 산킨고타이参勤交代 제도를 실시해 다이묘를 통제했는데, 다이묘 행렬을 위해 전국적으로 도로망이 정비되었으며, 숙박을 위한 여관업이 번창하게 되었다. 에도시대에는 소수의 무사가 다수의 농민과 상공업자를 지배하기 위해 사무사·농농민·공수공업자·상상인의 신분제도를 엄격하게

일본 우키요에(왼쪽)
고흐 탕기 영감의 초상(오른쪽)

시행해 각각 신분을 뛰어넘을 수 없게 했다.

　이 시기 조선을 통해 일본에 주자학이 전수되었으나 지배 이념이라기보다는 무사들의 개인 수양을 위해 받아들여졌으며, 양명학도 유행했다. 또한 모토오리 노리나가本居宣長에 의해 일본 고유의 학문을 연구하는 취지에서 국학이 집대성되었으며, 네덜란드로부터 난학蘭學이라고 불리는 의학과 과학기술을 받아들였다. 그중에서도 의사인 마에노 료타쿠前野良沢, 1723~1803, 스기타 겐바쿠杉田玄白, 1733~1817에 의해 저술된 《해체신서解體新書》는 매우 유명하다. 이 서적은 네덜란드의 《테헤루·이나토미아》라는 인체 해부서가 한의학의 내장 형태와 비교해 매우 정교한 것에 감탄해 번역 출판한 것이다. 서민문화로는 가부키歌舞伎와 우기요에浮世絵가 유명하다. 가부키는 노래·춤·재주로 구성된 일본의 대표 전통 예능으로 자리 잡았다. 우키요에는 풍경이나 인물을 목판화 형식으로 찍어낸 그림으로, 아리타에서는 도자기를 우키요에에 싸서 수출했는데 이로 인해 유럽에 우키요에가 전해졌다.

9장 근대 유럽의 성장

1. 중세 말의 위기 14~15세기

13세기 말, 번영을 누리던 중세 유럽은 정치·경제·사회 등 다양한 방면에서 위기 상황에 직면했다. 먼저 토지와 인구의 불균형이 위기의 신호탄 역할을 했다. 토지 개간을 통한 경작지 확대는 중단되었지만 인구는 계속 증대하면서 만성적인 식량 부족 사태가 지속되었다. 급기야 14세기 초 유럽 북부 지역에서는 계속되는 냉해로 흉작이 반복되자 대규모 기근 및 아사 사태가 벌어지기도 했다. 이러한 상황에서 1346년부터 지중해 지역부터 불어닥친 흑사병은 유럽 사회를 파국으로 몰고 갔다. 14세기 초 중앙아시아에서 시작된 흑사병은 몽골의 평화가 이루어 놓은 유라시아 교역로를 타고 서쪽으로 이동했고 유럽에서 대규모 사망자를 낳았다. 지역마다 편차가 크고 정확한 통계를 낼 수는 없지만 1350년까지 4~5년 사이에 유럽의 인구는 절반 이하 또는 3분의 1 수준으로 급감했다.

흑사병이 몰고 온 대규모의 인구 손실은 유럽 사회에 다양한 여파를 초래했다. 당대 유럽의 의학 수준으로는 원인을 정확히 알 수 없었기 때문에 사람들은 그 원인을 '만들어냈다.' 우물에 독을 풀었다는 소문으로 유대인에 대한 대규모 학살 사태가 발생하는가 하면 당대인들의 타락에 대

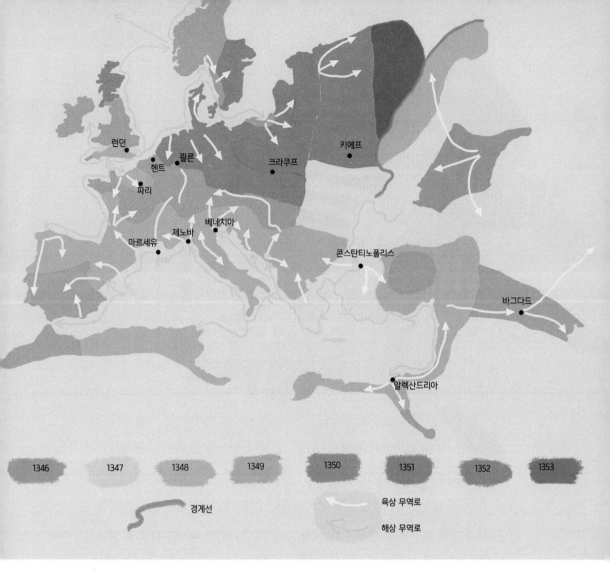

| 1346 | 1347 | 1348 | 1349 | 1350 | 1351 | 1352 | 1353 |

~~~ 경계선   ↙ 육상 무역로

해상 무역로

유럽 내 흑사병의 확산 과정

한 신벌이라는 생각으로 채찍 고행자들의 대규모 행렬이 이어지기도 했다. 흑사병은 심성적인 차원에서 죽음에 대한 감수성을 더욱 예민하게 만들었다. '죽음의 무도'로 대표되는 죽음의 이미지는 다양한 예술작품의 주제로 자리를 잡으면서 삶과 죽음의 대비를 더욱 강화시켰다. 죽음은 지위고하를 막론했기에 '모두의 죽음'이었고 다른 사람이 대신할 수 없기에 철저한 '나의 죽음'이기도 했다. 전자는 인간은 누구나 신 앞에 평등하다는 생각과 맞물렸고 후자는 신앙 및 구원 문제의 개인화로 이어졌다.

흑사병은 사회경제적으로도 커다란 변화를 초래했다. 곳곳에 폐촌이 즐비하게 됐고 인구 급감은 이제 막 도시를 중심으로 형성되던 임노동자의 임금 수준을 높였다. 인건비의 상승은 식료품 및 공산품 가격의 급등으로 이어져 시장의 불안정성을 높였다. 이에 잉글랜드나 프랑스 정부는 임금과 가격을 동결시키기 위한 법령을 반포하기도 했지만 실효성은 알 수 없었다. 농노제가 유지되던 서유럽 농촌에서는 영주들이 영지에서 일할 노동력을 확보하기 위해 농노들의 생활 여건을 개선시키거나 이들로부터 목돈을 받고 농노 지위에서 해방을 시켜주면서 농노제가 해체되어 갔다. 이후 자영농 중에서는 주인 없는 토지들을 헐값에 인수해 막대한 농장을 운영하는 부농 또는 지주^{젠트리} 계층으로 성장하는 이들도 있었다. 반면 장원제가 없던 동유럽에서는 오히려 인력을 토지에 결박시키기 위한 예속 체제, 즉 재판 농노제가 등장하기 시작해 근대까지 이어졌다.

이상과 같은 사회·경제적 위기들은 교회의 위기와 맞물렸다. 먼저 유럽 내 권력 분산화를 바탕으로 보편적인 영적 권위를 내세우던 교황권은 권력 통합을 이룬 프랑스 왕권과의 대결에서 처참하게 몰락했다. 파문을 준비하며 카노사의 굴욕과 같은 상황을 기대했던 교황 보니파키우스 8세에게 프랑스 왕 필리프 4세는 왕국 내 세 신분의 통합을 과시하는 총신분회의_{États généraux}로 맞섰다. 교황에 대한 린치와 교황의 사망으로 대결이 종식된 후 교황권은 프랑스 왕권에 종속되어 아비뇽에 거처하게 되었다. 14세기 말에 교황은 로마로 복귀했지만 곧 교황직을 둘러싼 파벌 싸움이 벌어지면서 가톨릭교회는 대분열의 시대를 맞이하게 되었다. 이와 더불

아비뇽 교황궁

어 많은 성직자들이 흑사병으로 사망하게 되면서 자격에 못 미치는 자들이 각 교구에 성직자로 부임하는 사태가 만연하기 시작했다. 14세기 후반에 들어와 타락하고 분열된 채 경직된 교리만을 강요하던 교황권과 교회는 청빈과 내면적 신앙심을 바탕으로 한 민중들의 새로운 종교적 열망에 부응하지 못했다.

성경과 예수의 언행을 삶의 척도로 삼기 시작한 평신도들은 성직자의 권위를 내세우던 기존의 교회에서 이탈하며 개인의 신앙심을 키워 나갔다. 교황권에 비판적인 신학자들의 개혁적인 사상은 이들의 태도를 정당화하면서 14~15세기에 걸쳐 새로운 '이단'의 흐름을 만들어냈다. 14세기 후반 잉글랜드의 존 위클리프, 15세기 초 보헤미아의 얀 후스, 15세기 말 피렌체의 사보나롤라는 교회가 성직자와 평신도 간의 위계가 없는 평등한 신자들의 공동체여야 하며 신앙의 모든 근거는 오로지 성경에만 있다고 주장했다. 이는 당대의 모든 위계제는 물론 교황 중심의 교회체제에 대한 도전이었으며 16세기에 전개될 종교개혁의 밑바탕을 이루었다.

2. 군사·재정 국가 등장과 대항해 시대

중세 말에 전개된 전쟁들은 이 당시의 위기 상황을 더욱 악화시켰다. 특히 14~15세기 동안 프랑스와 잉글랜드 간에 벌어진 백년전쟁은 전쟁의 규모를 지역 세력들 간의 충돌에서 왕국 전체의 인적·물적 자원들을 동원해야 하는 규모로 확대시켰다. 양국에서 전쟁이 전 왕국의 관심사가 되면서 전국적인 차원의 과세가 이루어졌고 과세 액수와 필요성과 관련해 왕국을 대표하는 신분회의가 개최되었다. 이렇게 해서 국가 차원의 전쟁과 재정, 대의제와 관료제를 핵심적인 요소로 지니는 근대의 군사·재정 국가 체계가 서유럽에서 형성되어 갔다. 과세의 가장 큰 목적이 전쟁이었기에 패전은 중앙정부에 대한 불만을 낳았다. 특히 세금을 납부했지만 정치적 권리에서 배제당한 부르주아나 부농젠트리들은 기존의 위계질서에 대항해 봉기를 일으켰고 이들의 주장은 위계제를 비판한 당대의 새로운 '이단' 운동자크리, 에티엔 마르셀의 봉기, 잉글랜드 농민봉기 등으로 정당화되기도 했다.

15세기 후반 유럽에는 새로운 정치적 지형도가 펼쳐졌다. 가장 큰 충격은 13세기 이후 크게 쇠약해진 동로마 제국이 오스만 제국에 의해 멸망했다는 사실이었다. 14세기 후반 소아시아에서 성장한 튀르크계 오스만 제국은 15세기에 소아시아와 발칸반도 전체를 장악한 후 16세기에는 서아시아 지역과 북아프리카 지역을 장악해 나가며 동부 지중해의 최강자로 성장했다. 백년전쟁에서 승리한 프랑스는 상비군과 이를 유지하기 위한 국가재정을 크게 신장시키며 유럽 내 강국으로 성장했다. 반면 잉글랜

자크리 봉기(1358)

잉글랜드 농민봉기(1381)

드에서는 왕위를 둘러싸고 왕실 방계인 요크가와 랭카스터가 간에 장미 전쟁이 발발했다. 한편 중부 유럽에서는 프랑스 왕국에서 갈라져 나온 부르고뉴 공국과 신성로마 제국에서 제권을 차지한 합스부르크 가문이 결혼을 통해 거대한 세력을 이루었다. 또한 이베리아 반도에서는 카스티야 왕국과 아라곤 왕국이 통합되어 에스파냐 왕국이 탄생했다.

이러한 상황에서 유라시아 교역망의 서쪽 끝을 차지하고 있는 지중해 교역권은 전적으로 오스만 제국과 베네치아에게 집중되었다. 특히 유럽에서도 맨 서쪽에 위치한 포르투갈과 에스파냐는 지리적 여건상 베네치아가 독점하고 있는 지중해 교역에서 배제되기 일쑤였다. 또한 인구 증가가 이루어지면서 14-15세기 동안 이베리아 반도 사람들은 카나리아·아조레스·마데이라 제도를 정복해 식민지로 삼고 각종 농작물을 재배했다. 물론 이러한 진출은 포르투갈의 항해공 엔히크와 같이 십자군의 이상과 결합되기도 했다. 이슬람에서 배워 온 다양한 항해기술과 장비들을 개선한 포르투갈과 에스파냐는 결국 대서양으로 나아가 새로운 항로를 개척했다. 15세기 말 포르투갈의 바르톨로메우 디아스Bartolomeu Dias와 바스쿠 다 가마Vasco da Gama는 아프리카 서해안을 따라 남진해 희망봉을 돌아 인도양

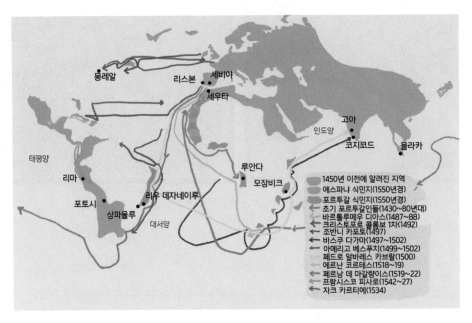

신항로 개척

교역로로 진입했다. 그리고 에스파냐의 지원을 받은 제노바인 크리스토
포로 콜롬보Christoforo Colombo는 대서양을 횡단해 당대까지 유라시아인들에
게는 잘 알려지지 않았던 아메리카의 서인도 제도에 상륙하고 이 지역에
사탕수수 농업을 이식했다. 또한 에스파냐의 지원을 받은 포르투갈 출신
의 페르낭 데 마갈량이스Fernão de Magalhães의 선단은 1520~1522년 동안 세
계를 일주하며 지구 구형설을 입증했다.

15세기 말 유럽에서는 지방 제후 권력들이 쇠퇴하고 보다 중앙집권화된
강국들이 서로를 견제하며 경쟁을 펼치는 시대가 펼쳐졌다. 특히 부르고
뉴-합스부르크 세력과 에스파냐의 결혼 동맹으로 태어난 카를 5세는 신
성로마 제국과 이탈리아 남부, 에스파냐는 물론 신항로 개척으로 에스파
냐가 장악한 남아메리카 식민지를 모두 상속받아 강력한 세력으로 급성
장했다. 카를 5세는 이탈리아를 두고 프랑스와 대결을 벌여 승리했고 지

중해 지역을 두고 오스만 제국과도 경쟁했다. 하지만 내적 통합력이 부족했던 그의 제국은 한 신학자가 몰고 온 생각지도 못한 충격으로 분열의 소용돌이로 빠져들었다.

3. 종교개혁

1517년 면벌부 판매와 교회의 타락에 대한 비판에서 시작된 마르틴 루터Martin Luther의 투쟁은 그간 진행되어 온 새로운 신앙운동과 맞물려 유럽을 뒤흔들었다. 이때 교회의 옹호를 받고 있던 카를 5세에 도전할 수 없었던 지방 제후들은 루터의 주장에서 자신들의 정치적 명분을 발견했다. 독일 지역에서 종교개혁은 곧 종교전쟁으로 이어졌고 유럽 전체를 통일하겠다는 카를 5세의 야심은 무너졌다.

1555년 루터파와 가톨릭 세력 간에 아우크스부르크 화의가 이루어진 후 카를 5세는 자신의 제국을 둘로 나누어 에스파냐와 부르고뉴 공국 지역은 아들인 펠리페 2세에게, 합스부르크 영지와 신성로마 제위는 동생 페르디난트에게 양위했다. 지중해와 대서양 교역권을 장악한 펠리페 2세는 에스파냐의 황금시대를 이뤘다. 남아메리카에서 약탈과 강제노역을 통해 획득한 막대한 부를 바탕으로 에스파냐는 스스로를 가톨릭의 수호자로 자처하며 유럽 전역의 정치 및 종교 문제에 개입했다. 16세기 후반 에스파냐로부터 독립하려는 옛 부르고뉴 공국의 네덜란드와 전쟁을 치렀으며 비슷한 시기에 전개된 프랑스 종교전쟁에서도 가톨릭 측을 지원했다. 동시에 지중해 지역을 둘러싸고 오스만 제국과 충돌하며 수차례 전쟁을 치렀다. 1588년에는 네덜란드를 지원했던 잉글랜드를 응징하기 위해 무적함대를 원정 보냈다. 하지만 원정은 태풍으로 인해 처참한 실패로 끝나고 말았다.

16세기 프랑스에서는 신학자 칼뱅Jean Calvin의 종교개혁이 시작되었다. 장칼뱅 스스로는 왕정의 탄압을 피해 스위스 주네브에서 종교개혁에 입각한 시정市政을 펼쳤다. 루터파 교의가 독일 지역 내에서만 전파되었다면 칼뱅파 교의는 프랑스 남부는 물론 잉글랜드와 스코틀랜드에도 전파되어 유럽 내 개신교 세력의 중추를 이루었다. 16세기 후반에 들어와 프랑스는 왕위계승 문제와 종교개혁 문제가 결합되어 30여 년간의 끔찍한 내전을 겪었다. 내전은 귀족들만의 싸움을 넘어서 종교를 통해 인간성을 규정하려는 태도가 확산되면서 일반 민중들에 대한 참혹한 대학살을 낳았다. 개신교 수장이었던 부르봉 가문의 앙리 4세는 가톨릭으로 개종해 왕위를 계승한 후 왕권을 위협하는 극렬 가톨릭 세력을 척결하는 한편 1598년에 낭트 칙령을 반포해 왕국 내 개신교 신앙 활동을 제한적인 범위 내에서 허용했다.

잉글랜드에서는 헨리 8세가 이혼 및 후사 문제로 종교개혁을 단행했다. 이는 세속 권력을 성직자 권력의 지도하에 두려는 중세적 신정정치론을 벗어나 교회를 국가에 종속시키려는 급진적 시도였다. 하지만 이러한 시도는 여러 반대 세력과 충돌을 빚었다. 한편에서는 과거의 가톨릭을 고수하는 세력이, 다른 한편에서는 보다 급진적 개혁을 원하는 칼뱅파인 퓨리턴 세력이 영국국교회를 위협했다. 메리 1세 치세 당시 가톨릭으로 돌아가기는 했지만 이후 엘리자베스 1세 시기에 들어와 영국국교회는 보다 확실한 입지를 확립할 수 있었다.

4. 근대국가와 자본주의의 팽창

17세기 유럽에서 새로운 주역으로 떠오른 세력은 프랑스와 네덜란드였다. 먼저 프랑스는 종교 전쟁의 분열을 딛고 국가를 통합해 나가면서 신분 회의의 개최가 생략된 절대주의 체제로 나아갔다. 신성로마 제국 내에서 종교전쟁으로 시작된 30년 전쟁 기간 동안 프랑스는 합스부르크 세력을 억제하기 위해 개신교 세력 및 덴마크와 스웨덴의 전쟁 개입을 후원했다. 그리고 이 전쟁을 매듭지은 1648년 베스트팔렌조약은 유럽에 국가 주권을 핵심으로 하는 국제질서를 형성했다. 프랑스에서는 17세기 중반 귀족들의 저항인 프롱드의 난으로 왕권이 위협받기도 했지만 루이 14세는 강력한 상비군과 거대한 관료제를 바탕으로 절대주의 통치체제와 유럽 내 패권을 확고히 했다. 루이 14세의 절대왕정은 치세 전반부에는 콜베르 등 유능한 대신들의 활약으로 프랑스를 급속히 발전시켰다. 하지만 루이 14세의 치세 후반에는 견제 세력이 없는 가운데 실정이 거듭되며 국가의 빚이 증가해 나갔다. 낭트 칙령 폐지로 유능한 상공업 인재들이 국외로 유출된 사태는 가장 대표적인 사례를 이룬다.

태양왕 루이 14세를 형상화한 베르사유 궁 금박 철제 장식

한편 네덜란드는 16세기에 포르투갈이 독점하던 인도양 및 동아시아 교역로와 거점지들을 장악해 나갔다. 도시국가들의 연합인 네덜란드는 고도의 자본력을 바탕으로 상단과 해군력을 결합해 전 세계 교역망을 자신들에게 유리한 방향으로 통제했다. 네덜란드 동인도 회사는 동남아시아에서는 향신료 무역을 독점하는가 하면 일본에서도 포르투갈 상인들을

몰아내고 대일 교역 독점권을 획득하며 17세기 황금시대를 이루었다.

같은 시대 잉글랜드에서는 튜더 왕조의 여계로 연결된 스코틀랜드의 스튜어트 왕조가 잉글랜드의 왕위를 계승했다. 하지만 절대주의 왕권을 시도한 스튜어트 왕조는 재정 문제로 의회와 충돌하게 되었다. 왕권과 의회의 갈등은 결국 1642년 내전으로 이어졌고 승리는 의회파에게 돌아갔다. 1649년 국왕 찰스 1세Charles I가 국가에 대한 반역죄로 처형당한 후 의회파 장군이었던 올리버 크롬웰Oliver Cromwell이 이끄는 공화정 체제가 들어섰다. 그러나 그의 정책과 의회가 다시 갈

찰스1세의 처형

등을 빚으면서 1660년 의회의 주도로 왕정복고가 이루어졌다. 이를 통해 왕위에 오른 찰스 2세와 제임스 2세가 점차 국교도를 탄압하며 친가톨릭 정책을 펼치고, 의회와의 갈등을 빚으며 절대주의 성격을 강화해 나가자 의회는 1688년 제임스 2세의 딸 메리와 그의 남편인 네덜란드 오라녀 공 빌럼을 공동 왕으로 추대하는 명예혁명으로 입헌군주제를 탄생시켰다. 이후 잉글랜드와 스코틀랜드의 통합이 이뤄졌고 영국의 정치는 의회를 중심으로 대내적으로는 비교적 안정적인 모습을, 대외적으로는 팽창적인 모습을 보여주었다.

18세기에 들어와 유럽 각국은 끊임없이 전쟁을 벌였다. 하지만 전쟁은 어느 나라도 결정적인 패망으로 이끌지는 않았다. 바로 유럽 각국이 거느리고 있던 식민지 착취는 각국의 손실을 재빨리 복구시켰고 각국의 군사력과 통치력 향상은 식민지 약탈과 통치에 다시 적용되었다. 서유럽 각국은 사탕수수와 노예무역을 중심으로 아메리카와 아프리카, 유럽 사이에 대서양 삼각무역을 주도했고 인도와 중국을 위시한 아시아에서는 향신

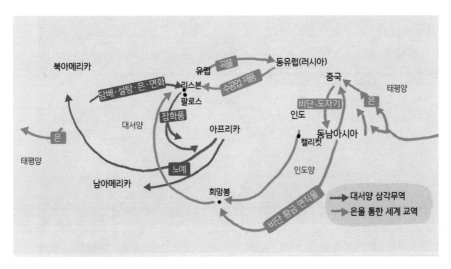

대서양 삼각무역과 은을 통한 세계 교역

료와 면화, 차 무역을 독점하고자 했다. 18세기에 지속된 일련의 전쟁에서 최종적으로 패권을 장악한 것은 바로 영국이었다. 영국은 유럽에서는 각국의 조정자 역할을 자처하면서 세계 교역에 있어서는 네덜란드를 제치고 유럽 경제의 중심지로 발전해 나갔다.

5. 르네상스, 과학혁명, 계몽사상

서유럽에서 14세기부터 18세기까지는 군사·재정 국가와 자본주의 체제가 성장해 나간 시기인 동시에 이른바 '근대적'이라고 불리는 새로운 인식 방식과 지식 조직 체계가 발전한 시기이기도 했다. 유럽의 지식인들은 새로운 세계에 대한 발견과 전례 없는 사건들이 이어지면서 종래의 보편적이고 통일적인 신학 세계관에서 탈피하기 시작했다. 이제 그들은 인간과 세계라는 피조물을 이미 구축된 신학 질서에 따라 연역적으로 종합하기

르네상스 시대 대표 작가 보티첼리, 〈비너스의 탄생〉

를 그만두고 인간과 세계에서 나타나는 다양한 현상들 그 자체에 집중했다. 하지만 이러한 태도가 기독교에 대한 도전으로 이어지지는 않았다. 오히려 기존의 신학 체계를 인간의 작업으로, 인간과 세계 그 자체를 신의 작업으로 보기도 했기에 후자에 대한 천착은 신의 질서를 다른 방식으로 알아가는 태도라 정당화되기도 했다. 이와 달리 신의 창조는 완벽하나 그 진정한 뜻은 인간이 알 수 없다는 생각도 있었지만 이 또한 피조물인 인간과 세계에 대한 경험적 탐구를 정당화했다. 즉 근대적 인식론과 탐구 태도는 기독교 자체보다도 기존의 가톨릭교회의 교리체계에 대한 도전이 될 수 있었다.

이와 같은 근대적 인식론과 전망은 14세기 인문주의부터 시작됐다. 학문적으로 이는 그리스-로마 시대의 고전 학문들을 기독교적인 해석이나 요약본에서 벗어나 원전 그 자체로 다가서려는 시도들이었다. 하지만 그

태양계 중심은 지구가 아니라 태양이라는 지동설을 주장하며 진리 추구를 위해 종교와 맞서고, 망원경을 개량해
관찰하며 운동법칙을 확립한 갈릴레이. 로마 교황청 종교재판에 회부된 모습

것이 단순한 학문적 호기심에만 국한된 것은 아니었다. 점점 격화되어 가
는 정치 상황, 기존 신학 체계나 종교 도덕률로는 해결할 수 없는 다양한
사회 사건들이 전개되면서 이를 해결할 수 있는 실천 지식, 즉 다양한 역
사 사례들과 인간관계를 다루는 윤리학과 수사학 등이 요구되었기 때문
이다. 인간과 세계에 대한 집중은 예술로도 이어졌다. 인간의 육체에 대한
미적 탐구와 표현, 세계에 대한 입체적 조망 및 공동체와 개인의 조화를
예술적으로 구현하고 싶은 욕망들은 회화와 조각, 건축에서 일대의 혁신
을 가져와 '르네상스'라 불리는 문화운동이 전개되었다.

　인간과 세계에 대한 관심과 표현은 이에 대한 정확한 분석과 파악을 요
구했다. 권위 있는 고대의 의학 및 천문학 서적이 르네상스의 흐름에서
탐독되었으나 현실에 나타나는 자연현상의 인과관계를 제대로 설명해주
지 못했다. 16세기에 들어와 코페르니쿠스와 베살리우스와 같은 학자들

최초의 르네상스 건축인 피렌체 산타마리아 델 피오레 성당, 1436년 브루넬스키 작품

은 자신들의 경험적 관찰 결과를 바탕으로 당대의 권위에 도전했다. 프랜시스 베이컨이 체계화한 귀납적 경험론과 갈릴레이가 시도한 실험, 자연에 대한 조작과 자연과학의 수학화 등은 뉴턴과 하비로 대표되는 근대과학을 형성하는 새로운 방법론으로 자리매김했다.

인간과 세계에 대한 근대적 시선은 이제 인간에게 특별한 지위와 역할을 부여했다. 자연의 질서와 원리를 합리적으로 파악할 수 있다는 인간 이성에 대한 신뢰는 만물의 영장인 인간이 자연에 규칙과 질서를 부과해야 한다는 태도로 나아갔다. 이는 근본적으로 이성 영역과 비이성 영역에 대한 이분법을 바탕으로 세계를 재단하는 인식론적 틀을 구성했고 나아가 인간과 사회를 바라보는 관점에도 영향을 미쳤다. 다른 한편 서구 근대식의 인간 이성에 대한 신뢰는 이에 입각한 인간의 자유의지, 미래에 대한 기획과 청사진을 정당화했다. 전통적인 과거의 권위가 아닌 미래를

르네상스 전성기 건축물을 배경으로 그리스 철학자들의 이상적인 회합을 그린 라파엘로의 〈아테네 학당〉, 1511, 바티칸 교황궁 서명의 방

향한 합리적 기획이 중시되었다. 이에 따라 보편적이고 통일된 지식체계는 새로운 발견에 입각한 다양한 학문분과들로 분화되어 갔다. 물론 이와 같은 근대과학에 대해 교회의 탄압이 이루어지기도 했지만 이러한 흐름을 막을 수는 없었다.

근대적 태도는 인간사회에 대한 새로운 분석과 전망으로 이어졌다. 그리하여 국가와 정치가 교회나 종교와는 다른 독자성을 지니며 그 기원과 원리, 체계와 구성에서 초월적 요소를 배제하려는 생각들이 등장했다. 마키아벨리 이후의 국가론과 사회계약론, 헌정체제에 대한 비교 역사적 분석과 삼권분립론 등은 국가와 정치의 문제를 인간과 사회 중심으로 정초했고 이를 바탕으로 새로운 사회와 국가체제에 대한 비전을 제시하고자 했다. 이렇게 해서 서구 사회는 인간의 합리성과 자유에 대한 신뢰를 바탕으로 다방면에 걸친 계몽사상을 전개시켜 나갔다.

제4부

격변의 근대

10장 시민혁명과 국민국가의 성장

1. 아메리카 혁명과 미국의 탄생

잉글랜드의 북미 식민지 건설은 17세기 초부터 시작되었다. 영국 왕에게 식민지 개발 권리를 획득한 런던의 버지니아 회사는 최초의 정착지인 제임스타운을 건립했고, 버지니아 주는 자치제도를 갖추었다. 잉글랜드 청교도들은 종교 박해를 피해 1620년 메이플라워호를 타고 대서양을 건너며 북미에 자치 공동체를 세울 것을 서약했고, 이들이 정착한 메사추세츠 주와 인근 주들도 자치정부를 구성했다. 잉글랜드에서 북미로의 이주는 계속되었고 18세기 초반까지 대서양 연안에 자체 입법부를 갖춘 13개의 식민지 주들이 세워졌다.

영국의 커다란 간섭 없이 유지되던 북미 식민지가 중요한 변화에 직면한 것은 북미에서 프랑스와 인디언이 동맹을 맺어 영국에 맞선 프랑스-인디언 동맹전쟁 혹은 7년전쟁1756~1763 때문이었다. 이 전쟁에서 승리한 영국은 13개 식민지 주 영역 바깥의 광대한 영토를 프랑스로부터 넘겨받았다. 이미 많은 전쟁비용을 지출한 영국은 새로운 영토의 관리비용을 식민지인들에게 부과하고자 했다. 이에 1765년 버지니아 의회는 결의안을 채택해, 식민지 대표가 없는 영국의회의 식민지에 대한 입법에 반대하며

"대표없는 곳에 과세없다"라는 원칙을 천명했다. 하지만 영국의회는 더 가혹한 세법을 제정했다. 특히 1773년 차세법은 파산상태의 영국 동인도회사를 구하려 이 회사에 식민지에서의 차 독점 판매를 규정했다. 영국의 해상 무역 네트워크에서 주요 역할을 담당한 동인도회사가 아시아 무역에서 손해를 본 것을 북미 식민지에게 차를 비싸게 팔아

보스턴 차사건

서 메우게 하려던 의도였다. 그러나 메사추세츠 주 보스턴 시민들은 항구에 정박한 배에 올라 차를 바다에 버리는 보스턴 차사건으로 저항했다.

차사건 이후 영국의 탄압이 심해지자 13개 주 대표들은 1774년 필라델피아에 모여 제1회 대륙회의를 개최했다. 이 회의는 영국의회의 식민지 관련 입법을 부정하고, 영국 상품 불매운동 확대를 결정했다. 이듬해 4월 메사추세츠 렉싱턴과 콩코드에서 식민지 민병대와 영국군 사이 교전이 벌어지며 식민지 독립전쟁이 시작되었다. 5월에 열린 제2차 대륙회의는 대륙군을 창설하고 조지 워싱턴을 사령관에 임명했다. 1776년 1월, 토마스 페인은 《상식》에서 독립을 통해 자유롭고 민주적인 공화정을 세울 것을 주장했고, 대륙회의는 토마스 제퍼슨이 초안을 만든 독립선언서를 7월 4일 선포했다. 18세기 프랑스 계몽주의에 영향을 받은 자연법 사상과 민주주의 원리를 천명한 미국 독립선언서는 인간의 평등·생명·자유·행복 추구라는 기본권, 인민에 의한 정부의 구성과 폐지 권리 등을 담고 있다.

미국 독립선언 당시를 묘사한 회화

　대륙군은 초기에 고전했으나 프랑스의 재정과 군사 지원으로, 그리고 새로운 국가와 사회를 만들려는 의지와 함께 독립이 혁명의 성격을 지니게 되면서 우세해졌고 1781년에 최종 승리를 거두었다. 승리한 13개 주는 연합헌장을 승인하며 아메리카합중국을 형성했는데, 이는 13개 독립적 주들의 느슨한 연맹체에 불과했다. 이후 신생국으로 강력한 중앙정부 수립 필요성이 대두되자 제헌의회를 구성해 1787년 헌법을 제정한다. 미국 헌법은 견제와 균형의 원리에 따른 삼권분립, 상·하원 양원제, 연방의회의 입법·과세·군대 보유 권한, 4년 대통령제 등을 규정했다. 1789년에 개원한 의회는 초대 대통령으로 조지 워싱턴을 선출했는데, 그는 재선 이후 대통령 선거 출마를 거부해 미국정치의 주요 관행을 만들었다. 초대 의회에서는 권리장전이라 지칭되는 수정헌법 제1조부터 제10조까지를 제정해 시민의 기본권을 헌법으로 보장했다.

　즉 미국혁명은 18세기 계몽사상의 자연법사상과 민주주의 이념에 기반으로 두었고 최초로 근대 공화국을 탄생시켰다. 미국 혁명을 지원하느라 무리를 했던 프랑스 왕정은 10여 년 뒤에 프랑스 혁명을 통해 몰락한다. 프

삼부회(왼쪽), 제1신분이 제3신분의 등에 업혀 고통을 주는 모습을 그린 대혁명 당시 선전물(오른쪽)

랑스 계몽사상의 전파가 미국 혁명에 영향을 미치고 다시 미국 혁명이 프랑스 혁명에 영향을 주면서 대서양을 사이에 둔 유럽과 미국의 긴밀한 교류에 의해서 세계사에 변화가 일어난 것이다. 미국 혁명은 노예 문제를 해결하지 못한 한계를 지니기도 한다. 노예제는 19세기 중반 남북전쟁으로 폐지된다.

2. 프랑스 대혁명과 나폴레옹 시대

18세기 말 프랑스 대혁명은 여러 원인에서 비롯되었다. 혁명 이전의 구체제Ancien Régime에서 신분제도는 사회경제적 모순을 심화시켰다. 특권층인 제1신분 성직자와 제2신분 귀족의 합은 전체 인구의 2퍼센트에 불과했으나 영지에서의 조세권과 국세 면제 등의 봉건적 특권을 누렸다. 나머지인 인구 98퍼센트는 제3신분으로, 대다수는 농민이었으나 부와 능력을 갖춘 부르주아를 포함했다. 부르주아는 계몽사상의 영향으로 혈통에 따른 신분제에 불만을 가지며 사회개혁의 필요성을 느꼈다. 귀족 신분에서는 혈통적 귀족으로 신분을 드러내는 칼을 차고 다닌 '대검귀족'과, 부르주아 출신으로 주로 법학을 공부해 법원 관직에 오르며 귀족이 된 '법복귀족'이 각각 구체제 지지와 개혁이라는 상이한 입장을 보였다. 성직자 신분에서도 관직을 차지한 고위성직자와 달리, 일상에서 신앙생활을 지도한 하위성직자는 체제에 비판적이었다. 농민은 국가에 내는 세금 외에도 영주 귀족에 봉건적 공납을 하는 이중과세 체제에 불만이 컸다.

　프랑스는 루이 14세 이래 베르사유 궁 건립과 각종 전쟁을 치르면서 국가 재정이 악화되었다. 특히 루이 16세의 미국독립전쟁 지원으로 심각한 재정위기에 빠졌다. 루이 16세는 위기를 타개하고자 1787년 제1, 2신분 대표자 회의인 명사회를 소집해 특권층에 과세하려 했으나 실패했고, 전체 신분대표자회의인 삼부회를 1789년 5월에 소집했다. 삼부회 파견 대표 선거를 앞두고 시에스는 《제3신분이란 무엇인가?》란 소책자를 출간해 제3신분의 사회개혁 의지를 확산시켰고, 농민들은 진정서를 작성해 이중과세 등 사회경제적 모순의 해결을 촉구했다. 삼부회에서는 안건 표결 방식을 놓고 신분별 표결을 주장하는 제1, 2신분과 전체 머릿수 표결을 주장한 제3신분이 갈등을 빚었다. 이에 제3신분회는 6월 스스로 국민의회로 개칭한 후 헌법이 제정되기 전에 해산하지 않겠다는 서약을 했다. 왕은 성직자와 귀족에게 국민의회 참가를 지시하는 한편 베르사유로 군대를 집결시키기 시작했다. 국민의회는 7월 초 제헌국민의회로 개칭했는데, 왕이 군대

1789년 7월 14일 파리 시민들의 바스티유 장악

1789년 인간과 시민의 권리선언

를 동원해 탄압할 것이란 소문이 확산되자 파리 시민들이 7월14일 구체제의 상징인 바스티유 감옥을 장악했다.

바스티유 함락으로 전국에서 혁명의 불길이 타오르자, 귀족이 이를 진압하려 외국 군대와 비적대를 동원한다는 소문이 확산되며 '대공포' 분위기가 조성됐다. 두려움을 느낀 농민들이 곳곳에서 영주의 성과 저택을 공격하자 제헌국민의회는 8월 봉건적 특권 폐지를 선언했다. 이어 '인간과 시민의 권리선언인권선언'을 채택해 자유와 평등, 기본권으로서 자유, 재산, 안전 및 압제에 대한 저항, 주권재민, 소유권 보장 등을 강조했다. 제헌국민의회는 교회 재산을 국유화했고, 1790년에는 성직자를 공무원으로 만드는 성직자민사기본법을 제정해 성직자들에게 선서를 강요했다. 1791년 6월, 왕이 야반도주를 하다 발각된 후 급진적 시민들의 공화정 요구도 있었으나 9월에 입헌군주제 헌법이 제정되었다. 이 헌법은 절대주의적 왕권을 제약한 정치혁명의 완성이었으나, 재산에 따라 '능동시민'과 '수동시민'을 구분해 능동시민에게만 참정권을 부여했다. 이를 통해 재산이 많은 부르주아를 재산이 적거나 없는 도시의 급진적 소시민 및 농민과 구별했다.

1789년부터 망명길에 오른 반동적 귀족은 외국 군주들의 도움으로 반혁명 움직임을 구체화했다. 이에 헌법에 따라 제한선거로 구성된 입법의회는 1792년 4월 반혁명 세력에 대한 전쟁을 선포했다. 전쟁 초기 패전을 거듭하자 '조국이 위험에 빠졌다'는 의회의 호소에 자발적 혁명 의용군이 구성되었는데, 마르세유 의용군이 파리로 행진하며 부른 노래는 현재 프랑스 국가國歌의 기원이 됐다. 왕이 반혁명 세력과 내통하고 있다고 생각한 파리의 급진 시민은 8월에 왕의 거처를 습격해 왕권 정지를 선언했고, 보통선거권에 의한 국민공회 구성을 요구했다. 국민공회는 9월 프랑스 혁명군 최초의 승리인 발미전투 다음 날에 개원했고, 왕정의 공식 폐지와 제1공화국의 탄생을 선포했다. 왕은 재판을 받고 1793년 1월에 목이 잘렸다. 왕의 처형에 놀란 외국 군주들은 대對프랑스동맹을 결성해 프랑스를 공격했고, 3월에는 방데Vendée 지방 반란이 발생해 대내외적 위기가 확대됐다. 이에 혁명재판소, 혁명감시위원회, 공안위원회가 설치되었다. 국민공회의 급진 자코뱅파는 로베스피에르를 중심으로 온건 지롱드파를 숙청하고 권력을 잡은 후 9월부터 공포정치를 실시했다. 1793년 6월에 제정된 공화국 헌법은 보통선거권, 노동권과 생존권, 실업자와 병약자에 대한 공적 지원 등을 규정한 민주적 헌법이었으나 대내외 위기 상황에서 적용이 보류되었다.

공포정치는 반혁명세력 숙청하고, 최고가격제를 통해 물가를 억제하고 사재기를 금지했으며, 식량을 배급해 혁명군의 사기를 높이며 전황을 역전시켰고 연말에 이르자 반혁명의 위험성이 거의 사라졌다. 1794년 봄 자코뱅 혁명가들 사이에서 내분이 발생하고 지속적인 공포정치에 대한 대중적 지지가 줄어들자 7월 온건파가 급진파를 체포·처형하며 공포정치가 종식됐다. 1795년 새로 제정된 헌법은 공화정을 유지시켰으나 다시 제한선거제를 채택해 보수적 부르주아의 정치적 지배를 보장했다. 그러나 자코뱅 급진파의 사회·경제적 민주주의를 옹호한 좌파 봉기와, 공화정에 반대하며 입헌왕정을 옹호한 우파 봉기가 연이었고, 이를 진압하며 안정과 질서를 유지한 군부, 특히 나폴레옹의 힘이 커져갔다. 정부에 의해 연이은 해외 원정에 나섰던 나폴레옹은 영국 함대에 의해 고립된 이집트를 몰래 빠져나와 1799년 11월 쿠데타로 권력을 잡았고, 1789년부터 10년에 걸친 프랑스 대혁명도 끝이 났다.

나폴레옹은 언론출판을 통제했으나 중앙 집권 강화, 경제 성장의 기틀 마련, 공교육 정비, 민법전인《나폴레옹 법전》편찬 등 국내 정치에서 근대적 통치 체제를 확립했으며, 교황청과 1801년 종교협약을 맺어 혁명으로 틀어진 관계를 회복했다. 국민이 정치·사회적 안정을 지지하자 그는 1804년 황제로 즉위해 제1제국을 선포했다. 나폴레옹의 군대는 육지에서는 유럽 전역을 장악했으나 바다에서는 영국 함대에 완패했다. 이에 나폴레옹은 영국을 경제적으로 고립시키려 유럽 국가들의 영국과의 통상을 금지한 대륙봉쇄령을 내렸는데, 1812년 이를 어긴 러시아 원정에 나섰다 참패했다. 1813~1814년에는 유럽 각국이 맺은 대프랑스 동맹과의 전쟁에서 패배해 엘바 섬에 유배되었다. 그러나 이듬해 탈출해 권좌에 복귀했다가 워털루 전투에서 패배한 후 다시 세인트헬레나 섬에 유배되어 사망1821했다. 프랑스 대혁명은 인권선언에 담긴 기본권과 주권재민 원리, 입헌주의, 정치적 민주주의와 이를 넘어선 사회·경제적 민주주의 추구, 자유·평등·우애의 가치를 확산시킨 인류사의 가장 중요한 사건으로 간주된다. 유럽 각국은 물론 카리브해의 프랑스 식민지 생도맹그 흑인 노예들도 영향을 받아 1804년 해방노예의 최초 주권국가인 아이티를 건국했다. 프랑스 혁명은 자유주의, 민족주의, 사회주의 사상의 발전은 물론, 전통과의 급격한 단절을 추구한 혁명에 반감을 가진 영국 정치가 버크처럼 보수주의 형성에도 영향을 주었다.

3. 자유주의의 확대

　프랑스 대혁명의 유산 중 하나인 자유주의는 개인의 자유와 기본권을 중시했고, 정치적으로 법의 지배와 권력 분립을, 경제적으로 시장에 따르는 자유로운 경제활동을 강조하며, 19세기 전반기에 널리 확산되었다. 나폴레옹을 축출한 유럽 열강들은 1815년 오스트리아 수상 메테르니히가 주도한 빈회의를 통해 빈체제를 확립했다. 이 체제는 프랑스 대혁명과 나폴레옹 시기의 변화를 이전으로 되돌리려는 복고주의, 프랑스 대혁명 이전 정통 세력의 권력 재획득을 위한 정통주의, 열강들 간의 세력 균형, 그리고 무엇보다 반혁명주의와 반자유주의를 핵심원리로 삼았다. 오스트리아와 독일 지역에서는 언론 검열과 대학교 감시를 통해 자유주의 운동을 통제했고, 1820년 에스파냐와 나폴리 왕국에서 자유주의 혁명 시도 역시 진압됐다.

　자유주의 바람은 중남미에서 다시 일어났다. 에스파냐령 중남미는 1810년 나폴레옹의 침입으로 에스파냐가 정치적 혼란에 빠지자 독립 투쟁을 전개해 멕시코, 아르헨티나, 볼리비아 등 많은 나라가 1810년대 후반과 1820년대 초반에 독립을 쟁취했고, 브라질 역시 포르투갈로부터 독립했다. 그러나 15세기 말 이래 식민지에서 벗어났음에도 불구하고 독립 투쟁을 중남미 태생 백인 엘리트층인 크리오요 세력이 주도했기에, 원주민의 열망이 반영되지 못한 보수적 속성을 띠었다. 한편 중남미의 독립 투쟁에 유럽 열강이 간섭하려는 움직임을 보이자 미국 대통령 먼로는 1823년 유럽에 대한 미국의 중립을 표방하고 중남미에 대한 유럽의 간섭을 미국에 대한 비우호적 조처로 간주한다는 먼로주의를 발표했다.

그리스 독립 투쟁

빈체제는 그리스 독립 투쟁으로 균열이 가기 시작했다. 1821년부터 그리스는 15세기 중반 이래 지배세력이었던 오스만 튀르크에 맞선 독립운동을 펼쳤다. 정교회 국가이자 지중해 진출을 노리던 러시아가 그리스 독립을 지지하자, 영국과 프랑스도 그리스 편에 서서 러시아의 영향력 확대를 견제했다. 서유럽의 지식인과 예술가들이 고대 그리스의 폴리스 민주정과 문화예술의 가치를 옹호한 것도 그리스에 우호적 분위기를 형성했다. 결국 오스트리아가 빈체제 원칙 위반이라며 반대하던 입장을 선회해 1829년 그리스가 독립을 쟁취했다.

프랑스는 나폴레옹 이후 루이 16세의 동생인 루이 18세가 왕위에 올라 부르봉 혈통의 복고왕국이 탄생했다. 루이 18세는 입헌군주제를 유지하며 프랑스 대혁명 이전 구체제로 돌아가지는 않았으나, 자녀 없이 사망하자 왕위를 계승한 동생 샤를 10세는 대혁명기 몰수된 망명귀족 재산에 대한 배상 등으로 과격한 구체제 복구를 시도했다. 자유주의자들이 차지한 의회가 이를 반대하자 1830년 5월 언론 통제와 의회 해산을 발표했다. 이에 7월 파리의 시민들이 바리게이트 시위를 통해 샤를 10세를 퇴위시켰고, 의회는 대혁명기에 혁명을 지지한 오를레앙 공작의 아들 루이 필리프를 '시민왕'으로 추대했다. 이를 프랑스 7월 혁명이라 하며, 새로 등장한 자유주의 입헌군주제의 7월 왕국에서는 금융 부르주아가 강한 영향력을 발휘했다. 7월 혁명은 유럽 전역에 영향을 미쳐 8월에 벨기에가 자유주의 입헌군주제 헌법 제정과 함께 네덜란드로부터 독립을 쟁취했다. 하지만 오스트리아, 독일과 이탈리아 지역, 폴란드에서 전개된 유사한 자유주의 혁명 시도는 성공을 거두지 못했다.

영국에서는 자유주의가 19세기 전반기에 점진적으로 확대되었다. 1801년에 아일랜드를 합병해 가톨릭 인구가 증가하자 17세기 이래 가톨릭 신자에게 가했던 각종 차별이 철폐되었다. 한편 종교인들의 노예제 반대운동을 통해 1833년 노예제 폐지법이 제정되었고, 이는 미국의 노예제 찬반 논쟁에도 영향을 미쳤다. 1832년에는 1차 선거법 개정으로 선거인 수를 5배 정도 늘려 부르주아에게 참정권을 허용했다. 공장법도 꾸준히 제정되어 노동조건을 개선시켜 나갔다. 의회에서는 귀족과 지주층을 중심으로 이전 토리당에서 발전한 보수당과 기존 휘그당에서 신흥부르주아들을 수용하고 자유주의 성향을 강화해 개칭한 자유당 양당에 의해서 정당정치가 발전하기 시작했다.

4. 서양 각국의 정치·사회 발전

영국 노동자들은 1차 선거법 개정이 참정권을 부여하지 않자 1838년 '인민헌장'을 발표해 성년 남자의 보통선거권, 비밀투표, 인구에 따른 균등 선거구, 매년 의회 개회, 의원 출마 재산 자격 철폐, 의원 보수 지불 등을

주장했다. 이후 서명과 시위 등을 통해 이 헌장의 채택을 요구하는 차티
즘운동이 전개됐으나, 1848년 이후 쇠퇴했다. 하지만 혁명의 움직임을 기
성체제로 흡수하려던 보수적 개혁 세력에 의해 1867년 2차 선거법 개정
으로 도시 노동자에게 선거권이 부여되었다.

　프랑스에서는 1848년에 2월혁명이 발생한다. 자유주의적 7월 왕국 시기
선거권이 상층 부르주아에게 일부 확대되자 산업혁명의 진행으로 증가
한 노동자들이 선거권 확대를 요구했다. 노동자들에게 초기 사회주의 사
상도 확산되었으며, 마침 1840년대 중반 경제 위기가 발생했다. 1848년 2
월 파리의 선거권 확대 요구 집회에서 군경의 발포로 사망자가 발생하자
바리게이트 시가전이 펼쳐져 루이 필리프가 퇴위하고 프랑스 제2공화국
이 수립되었다. 임시정부는 보통선거권 도입, 언론 자유, 식민지의 노예제
폐지처럼 민주주의 신장뿐 아니라 사회주의자와 노동자들의 요구를 수
용해 노동권을 보장하고 실업자를 구제하기 위한 국민작업장을 설립했
다. 하지만 제헌의회 선거에서 승리한 온건공화파가 국민작업장을 폐쇄
했고, 불만을 가진 노동자 봉기가 일어나자 군대가 이를 진압했다. 같은
해 12월에 성인 남성 보통선거제에 의한 대통령선거에서는 나폴레옹의
조카가 선출되었다. 그는 1852년에 제2제국을 선포하고 황제가 되었다.

　자유주의 확대와 혁명으로 영국과 프랑스에서 노예제가 폐지되었으나,
미국은 자유 노동을 중시한 북부와 노예 노동에 기초한 대농장 위주의

프랑스 2월 혁명(왼쪽), 미국 남북전쟁

남부가 지속적인 타협을 통해 연방을 이끌어오다가 노예제를 반대하는 링컨이 1860년 말에 대통령으로 선출되자 갈등이 폭발했다. 남부 주들은 연방 탈퇴와 남부연합 수립을 선포했고, 1861년 4월 남북전쟁이 발발했다. 전쟁 초기는 남부가 우세했으나 북부군이 미시시피강을 지배하며 남부 주들의 동과 서를 분리시켰고, 펜실베이니아 주 게티즈버그 전투를 기점으로 북부가 전세를 뒤집어 1865년 남부군의 항복을 받았다. 남북전쟁 중이던 1863년 노예해방령이 공포되었고 전쟁 종식 직후 수정헌법으로 공식적으로 노예제가 폐지되었다.

러시아는 19세기 전반기 오스만 튀르크가 쇠퇴하자 지중해로 진출하기 위해 크림전쟁1853~1856을 일으켰으나, 러시아의 남하를 우려한 영국과 프랑스가 오스만 튀르크를 도와 러시아를 패배시켰다. 패전 이후 국가적·사회적 쇄신을 목적으로 러시아의 알렉산드르2세는 1861년 농노해방령을 발표했다. 또한 지방행정, 사법, 군대, 교육 분야의 개혁을 통해 위로부터의 근대화에 착수했으나 1881년 암살당했고, 이후 러시아 황제들이 자유주의를 억압하고 전제정치를 실시해 20세기 초에 러시아혁명이 발발하게 된다.

5. 이탈리아와 독일의 통일국가 수립

민족주의는 민족에 대한 애착심과 소속감을 강조하며 민족 공동체의 발전 속에서 구성원의 발전을 추구한다. 시민혁명을 통해 근대 주권국가를 형성한 영국, 미국, 프랑스에서는 민족을 근대국가의 주권자를 하나로 묶어주는 정치·문화적 개념으로 파악한다. 반면 독일에서는 민족이 공통의 조상, 언어, 문화, 영토, 역사에 기초를 둔 원초적 실체임을 강조한다. 원초적 공동체의식을 중시하면서 다른 서유럽 나라보다 뒤늦게 근대적 통일국가를 수립했기 때문이다.

독일 지역에서 10세기에 등장한 신성로마 제국은 나폴레옹 시기에 해체되면서 크고 작은 39개의 주권국가로 분할되었고, 1834년에 프로이센이 주도한 관세동맹을 통해 경제적 통합이 진행되어갔다. 1848년에는 프랑스 2월혁명의 영향으로 발생한 독일 3월혁명을 통해 프랑크푸르트 국민의회가 설립되어 통일을 논의했다. 이때 오스트리아까지 포함하는 대독일주의와 프로이센 중심의 소독일주의 세력의 마찰이 있었는데, 현실적 통일 방안으로 프로이센 국왕을 황제로 추대하고 제국헌법을 마련했다. 그러나 프로이센 국왕이 이를 거부해 아래로부터의 통일운동이 실패했다. 이후 보수적 프로이센 왕과 수상 비스마르크가 군사력과 경제력을 증진시키는 '철혈정책'으로 위로부터의 통일을 주도했다. 프로이센은 덴마크와의 전쟁 승리로 영토를 넓혔고, 오스트리아와의 전쟁으로 독일 지역 내 오스트리아의 영향력 행사를 막았으며, 프랑스와의 전쟁에서 승리한 후 1871년 베르사유 궁에서 독일제국의 탄생을 선포했다.

이탈리아에서는 19세기 전반기에 오스트리아의 지배에 반대하며 시작된 자유주의와 민족주의 운동이 지속적으로 탄압받았다. 1848년에 프랑스 2월혁명 영향으로 오스트리아 빈에서 보수적 수상 메테르니히가 실각하자, 이탈리아의 혁명가 마치니가 로마를 장악해 민주공화국을 선포했으나 다른 지역의 지지를 얻지 못했고 교황을 보호하려는 프랑스 군대에 진압됐다. 북부 이탈리아 사르데냐-피에몬테 왕국은 오스트리아와 전쟁을 벌였으나 패배했다. 전쟁 패배로 퇴위한 부왕의 뒤를 이은 비토리오 에마누엘레 2세가 수상에 임명한 카부우르는 경제를 성장시키고 프랑스와 동맹을 맺어 1859년에 오스트리아 군대를 중부와 북부 이탈리아에서 몰아내며 위로부터의 통일운동을 이끌었다. 가리발디는 1860년 시칠리아에서 억압적 지주에 대항한 농민봉기가 일어나자 의용대 1천 명을 이끌고 가 농민을 지원하면서 시칠리아를 장악했고, 이후 나폴리 왕국마저 무너뜨렸다. 하지만 통일을 가능하게 해줄 힘이 사르데냐-피에몬테 왕국에 있다고 판단해 자신이 장악한 남부를 헌정했다. 비토리오 에마누엘레 2세는 1861년 토리노에서 소집된 의회에서 통일 이탈리아 왕국의 왕으로 공포되었다. 1866년에는 오스트리아가 프로이센과의 전쟁에서 패배하자 이탈리아 왕국이 베네치아 지역을 차지했고, 1870년 프랑스가 프로이센에 패배하자 로마 교황령마저 점령해 통일을 완성했다. 이탈리아와 독일의 통일국가 건설은 동유럽 여러 민족들의 민족주의 운동을 자극했다.

11장 산업혁명과 근대문화 그리고 제국주의

1. 산업혁명과 서양의 영향력 확대

18세기 중엽에 영국에서 시작된 증기기관 상용화 같은 기술혁신과 기계와 임노동에 기초한 공장제 도입으로 생산력이 크게 발전한 것, 그리고 이로 인한 사회·경제적 변화를 산업혁명이라고 한다. 산업혁명은 다양한 요인들이 복합적으로 작동하면서 발생했다. 17~18세기 농업 생산성의 향상과 농업의 상업화, 상인들에 의한 도시 근교 농촌의 선대제先貸制* 확산은 농업잉여 노동력이 도시로 향하게 만들었다. 대항해 시대부터 빠르게 성장한 해외무역은 새로운 공산품에 대한 수요를 늘렸고, 근대 국가들의 경제 경쟁 역시 치열했다. 17세기 과학혁명을 거쳐 18세기 계몽사상까지 인간의 이성과 합리성의 강조는 발명과 실험, 기술혁신을 자극했다. 이런 요인들에 더해 영국만의 특성이 영국을 산업혁명의 시발점으로 만들었는데, 바로 의회체제 확립을 통한 정치적 안정이 그것이다. 영국은 17세기 내전과 명예혁명을 통해 의회 중심의 입헌군주제를 확립했고, 의회는 국왕의 자의적 권력 행사를 제어해 개인의 재산권을 보호했고, 법률 제정으로 자본주의적 농업 경영 확산과 상인이나 제조업자의 경

> * 17세기 서유럽에서 널리 나타난 생산방식으로 상인 고용주가 도시 근교 농촌의 가내 생산자들에게 원료를 제공하고 노동 대가를 지불하며 완제품을 되돌려 받는 것으로 도시 길드제의 엄격한 규제를 약화시켰다.

제적 이익을 증진시켰으며, 사회간접시설 확충을 도왔다.

　영국 산업혁명을 주도한 것은 면직공업이었다. 인도에서 수입하던 면제품을 국내 생산으로 대체하려는 노력이 기술혁신을 낳아 18세기 후반에 방적기의 성능이 빠르게 개선되었고, 와트J. Watt가 성능을 향상시킨 증기기관이 기계에 동력을 공급하면서 면직공업을 포함한 직물업이 크게 성장했다. 증기기관 사용은 제철 분야의 기술혁신을 낳아 제철업을 발전시켰고, 증기기관에 에너지를 공급하는 석탄 수요의 급증으로 탄광업도 성장했다. 영국에서 1825년 스티븐슨G. Stephenson의 증기기관차가 운행된 이후 철도가 빠르게 확산되면서 산업혁명의 상징이 되었다. 기관차 제작과 철도 부설을 위한 제철과 기계공업, 그리고 투자은행 설립에 따른 금융업 등 철도는 연관 산업의 발전을 촉진했다.

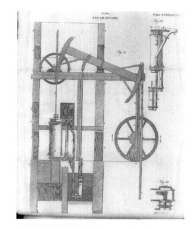

1797년 브리태니커 백과사전 3판에 실린 와트의 증기기관 도면

　영국의 산업혁명은 19세기 초기와 중기에 벨기에, 프랑스, 독일 등 서유럽과 미국으로, 19세기 말에는 남유럽, 동유럽과 러시아는 물론 일본까지 확대되었다. 미국에서는 1807년 풀턴이 증기선을 개발했고, 1820~1830년대부터 내륙 운하와 철도가 건설되었다. 대서양과 태평양을 연결하는 대륙횡단철도가 1869년에 완공되는 등, 1860년대 남북전쟁 이후 산업화가 더욱 빠르게 진행되었다. 프랑스는 대혁명 이래의 전쟁과 정치적 불안정이 끝난 1830년대부터 기계제 도입과 철도 건설 등 산업화가 본격적으로 전개된다. 프랑스에서는 주로 중소 규모 산업도시에서 식품이나 의류 등 소비재 공업이 발달했고, 고부가가치의 사치품 산업을 성장시켜 파리를

세계적 유행 중심지로 만들었다. 독일 지역에서도 프로이센이 여러 연방 국가들과 관세동맹을 맺어 국내시장 형성을 촉진한 1830년대 이래 산업화가 진행되었는데, 1860년대 비스마르크의 철혈정책에 힘입어 제철업과 기계공업이 빠르게 발전했다. 독일은 19세기 말에 금속·화학 분야에서 세계적 우위를 보였고, 마찬가지로 철강과 석유산업에 세계적 우위를 보인 미국과 더불어 중화학공업 성장이라는 제2차 산업혁명을 주도하는 산업 국가가 된다. 19세기 말에 산업화가 진행된 러시아에서는 모스크바, 상트 페테르부르크 등 대도시에 산업노동자가 크게 증가해 20세기 초 러시아 혁명의 주역이 된다.

산업혁명을 시작한 영국은 19세기에 세계 공업생산과 해외무역의 압도적 우위를 차지하며 대영제국의 힘에 의한 평화, 즉 팍스 브리타니카Pax Britannica 시대를 열었다. 하지만 후발 산업국인 독일과 미국이 비약적으로 성장하면서 20세기 전환기에는 영국의 세계질서 유지가 도전을 받게 된다. 산업혁명은 세계사 차원에서도 경제력, 이를 뒷받침한 과학기술에 있어 서양과 동양의 격차를 크게 만들며 서양이 세계 역사에 영향력을 키우는 기반이 되었다.

2, 사회주의와 노동운동의 성장

산업혁명으로 산업사회가 도래하자 이전까지 소규모 작업장과 생산도구를 보유했던 수공업자들은 몰락해갔다. 생산자와 생산도구가 분리되면서, 생산자가 생산과정과 생산물로부터 소외되는 노동의 소외 문제가 발생했다. 육체 노동력 밖에 가진 것이 없는 이들은 자신의 노동력을 생산수단을 소유한 자본가에게 팔아야 하는 임노동자로 변했다. 산업혁명 초기 노동자의 삶은 극도로 열악했다. 하루 14~16시간에 이른 장시간 노동과 낮은 임금, 다양한 직업병과 산업재해, 비위생적 작업환경과 주거환경은 산업사회의 새로운 사회문제로 대두되었다.

이에 사회문제를 해결하고 사적 이익 추구에 골몰하는 이기적 개인을 양산하는 자본주의를 비판하고 대체하려는 사회주의 사상이 발전했다. 19세기 초 영국의 오웬R. Owen은 사회 환경이 특정 집단의 이익을 위해서가 아니라 모든 인간에 유용하게 재조직되면, 협동과 조화가 경쟁과 갈등을 대체하며 다수의 행복을 보장할 것이라 생각했다. 그는 이런 생각을 실험하기 위해 미국 인디애나에 뉴하모니New-Harmony라는 이상적 공동체를 세웠으나 실패했다. 프랑스의 생시몽Saint-Simon은 귀족 중심의 신분제 특권과 위계가 산업사회에서는 상호주의에 입각한 모든 생산자들의 협동과 연합으로 대체될 것으로 인식했다. 또한 과학과 생산의 결합 및 계획경제를 포함하는 새로운 사회조직이 생산성을 증대시켜 다수의 행복을 보장한다고 주장했다. 프랑스의 푸리에C. Fourier는 물질적으로 풍요로운 산업 문명이 다수의 빈곤을 야기하고, 생산에 직접 참여하지 않은 채 독점과 투기를 일삼는 기생적 인간들을 양산한다고 생각했다. 그는 이런 모순을 극복하기 위한 방안으로, 구성원이 소유권을 공유하는 팔랑스테르phalanstère라는 농업 중심의 자급자족 협동조합 공동체 건설을 통해 '조화로운 사회' 조직을 제안했다.

이들 초기 사회주의 사상은 19세기 중반 마르크스K. Marx와 엥겔스F. Engels에게 유토피아 사회주의로 비판받았다. 마르크스주의는 영국의 고전 경제학, 독일의 헤겔 변증법 철학, 프랑스의 초기 사회주의 사상을 종합한 것이었다. 마르크스와 엥겔스는 자본주의가 발생시킨 사회문제가 선한 의지와 도덕에 기초한 협동과 조화의 이상적 공동체 건설로 결코 해결될 수 없는 구조적 문제라고 강조했다. 또한 자본주의 경제가 임노동자의 노동력 착취를 통한 잉여가치의 전유와 확대재생산을 통해서만 유지되기에, 노동자들이 계급투쟁으로 자본주의 사회질서를 전복시켜야지만 사회문제가 해소된다고 주장했다. 마르크스는 유럽 전역에서 혁명운동이 활발할 때 《공산당 선언》1848을 출간하기도 했으나, 명성을 얻게 한 저작은 《자본론》1867이었다.

영국의 숙련된 노동자들은 1810년대 공장의 기계를 파괴하는 러다이트 운동을 통해 산업자본가에 저항했다. 1830~1840년대는 참정권을 요구하는 차티즘 운동에 참여했고, 이후 직종별 노조를 만들어 임금인상과 작업환경 개선 같은 경제투쟁을 펼쳤다. 1868년에 결성된 영국노동조합회의TUC는 세기말에 비숙련 노동자도 조합원으로 수용했다. 프랑스의 노동운동은 19세기 중반에 생산수단의 사적 소유를 부정하고 생산수단

영국 러다이트 운동

을 소유한 생산자 협동조합의 지역적 연합을 중시한 사회주의자 프루동에게 큰 영향을 받았다. 점진적인 지역별 직능별 노동조합 결성에 이어, 1884년 노동조합 합법화 이후 노동조합운동이 크게 성장하며 1895년 노동총동맹CGT이 결성되었다. 프랑스 노동조합운동인 생디칼리슴Syndicalisme은 정당정치에 얽매이지 않고 노동자의 직접행동과 총파업을 통한 사회변혁을 추구했다. 독일에서는 1860년대부터 숙련노동자 중심 노동조합

이 결성되었으나 1878년부터 1890년까지 사회주의 탄압법 시기 정체되었다. 이후 미숙련 노동자까지 포함된 전국적 산별노조가 만들어졌다. 독일 노동조합운동은 정치색을 지니며, 사회주의 노동운동은 사회주의 정당과 상호 긴밀하게 협조했다. 노동운동 세력은 1864년에 국제조직인 제1차 인터내셔널을 조직했으나, 1871년 파리코뮌 이후 탄압이 심해져 해체되었다. 1889년에 다시 조직된 제2차 인터내셔널은 여러 나라의 노동조합과 사회주의 정당이 결합해 제1차 세계대전으로 붕괴되기 전까지 활발히 활동했다.

사회주의 정당은 독일에서 가장 먼저 등장했다. 산업화 과정이 국가 주도로 이루어지면서 자본가에 대응하는 노동운동과 동시에 국가에 대응하는 노동자의 정치세력화 움직임이 활발했기 때문이다. 1860년대 조직된 독일노동자협회와 독일사회민주노동당은 1875년에 결합해 독일사회주의노동자당을 창당했는데, 1890년에 독일사회민주당SPD으로 개칭하며 현재까지 유지되고 있다. 영국에서는 영국노동조합회의가 노동자의 정치세력화를 위해 조직한 노동자대표위원회가 20세기 초에 노동당 창당의 중심이 되었다. 프랑스의 사회주의 정당은 1880년대 초부터 혁명적 사회주의, 개혁적 사회주의 등 여러 분파로 활동하다 1905년 통합사회당SFIO으로 결집했다.

노동운동과 사회주의 정당의 성장은 보수적 사회개혁가들로 하여금 체제 내의 점진적·평화적 사회개혁을 추진하게 만들었다. 독일에서 1880년대에 처음 시작된 의료보험, 산재보험, 노령연금 같은 사회보장의 초기 형태는 서양 여러 나라에서 수용되었다. 영국과 프랑스에서 중도 민주세력과 개혁적 사회주의자들은 공공임대주택이나 사회주택의 확대, 상수도나 대중 교통의 시영화를 추구한 시정사회주의 활동에 협력했다.

3. 근대 도시문화와 과학기술 발전

산업화로 인한 경제 성장과 공중보건의 발전은 출산율을 증가시키고 사망률을 감소시켜 인구를 증가시켰다. 유럽의 인구는 1800년 약 1억8,500만 명에서 1900년 4억2천만 명으로, 미국의 인구는 같은 시기 5백만 명에서 7,600만 명으로 늘어났다. 국민국가의 수도와 전통적인 지방 주요도시뿐 아니라 새로 공장들이 들어선 산업도시가 많은 인구를 끌어들였다. 산업혁명의 발상지 영국은 19세기 중반에 이미 인구 절반 이상이 도시에 거주하게 되었다. 하지만 갑자기 인구가 늘어난 도시들, 특히 도시 인프라망 구축 없이 빠르게 성장한 산업도시는 심각한 주거난, 부족한 위생설비, 산업공해에 시달렸다. 노동자들은 공장에서뿐 아니라 도시 빈민가의 열악한 환경에 대한 공통의 경험을 기반으로 계급의식을 자각해갔고, 집회와 시위에 참가하며 도시를 급진운동의 중심지로 만들었다. 빈민가에서 창궐했던 콜레라와 결핵 같은 전염병도 도시민에게 두려움의 대상이었다.

도시 공중위생 설비는 19세기 중반부터 점진적으로 확대되었다. 영국에서는 1848년 공중보건법 제정 이후 1850~1860년대에 런던 상하수도망이 정비되었고, 프랑스도 같은 시기 파리가 속한 센도 지사 오스만G.-E. Haussmann이 실행한 근대적 도시정비를 통해 상하수도 설비가 크게 개선되었다. 오스만화로 지칭되는 파리의 도시정비는 합리성에 기초한 근대도시의 전형을 창출했다. 상하수도 망 확대뿐 아니라 도시 소통을 증대시킨 동서남북 대로들과 기차역이나 다양한 관공서들이 건설되었고, 공원

오스만이 실행한 근대적 도시 정비, 오페라 거리

녹지가 조성되었으며, 도시 행정구역의 확대 개편이 이루어졌다. 파리의 근대적 도시경관은 바르셀로나 도심 정비와 빈 링슈트라세 개발 같은 근대적 도시개발이나 정비를 자극하는 등 전 세계로 확산되었다. 개화기 조선의 지식인들이 치도론治道論을 주장한 것도 이 같은 세계적 변화를 수용한 것이었다. 한편 19세기 말에 서양 대부분 국가의 수도에 건립된 대규모 공공건축이나 국가 기념물과 상징물 등은 근대 국민국가의 성장과 민족주의 열기를 반영했다.

유럽의 대도시에는 증가하는 중상층의 여가활동을 위한 공연장, 박물관, 동물원, 도서관 등이 만들어졌다. 1851년 런던에서 최초로 세계박람회가 열린 이후 파리를 비롯한 주요도시들은 세계박람회를 유치·개최하며 국내외 관광객을 끌어모았다. 철도가 발전하면서 해수욕이나 온천, 혹은 산악지대로의 대중적 여행도 시작되었다. 스포츠 활동도 활발해졌고, 프랑스의 쿠베르탱Coubertin 남작이 주창한 근대올림픽이 1898년 아테네에서 개최되었다.

산업혁명과 동시에 스미스A. Smith의 《국부론》, 맬서스T. R. Malthus의 《인구론》, 리카도D. Ricardo의 노동가치설 같은 경제학이 발전하기 시작했다. 프랑스혁명 이후 국민국가의 성장으로 초등교육이 보편화되었고, 지식활동이 중시되면서 경제학 외에도 여러 인문사회과학 학문이 성장했다. '최대 다수의 최대 행복' 추구라는 벤담J. Bentham의 공리주의, 밀J. S. Mill의 자유주의, 마르크스의 사회주의 철학, 랑케L. von Ranke, 미슐레J. Michelet, 부르크하르트J. Burckhardt 등의 역사학, 콩트, 뒤르켐, 베버 등의 사회학이 발전했다. 문학과 미술에서는 19세기 전반에 낭만주의Romanticism가 유행하며, 이전 시기 계몽사상이 강조한 이성 중심주의와 달리 인간 감정의 자유로운 표출을 중시했다. 19세기 중반부터는 사실주의 사조가 대두되어 산업화로 대두된 사회문제와 하층민의 빈곤한 삶이 주로 다루어졌다. 미술에서는 사실주의의 뒤를 이어 등장한 인상주의가 예술가의 순간적 인상을 화폭에 담아내며 혁신을 일으켰는데, 인상주의 화가들은 유럽으로 수출된 일본 상품의 포장지로 사용된 일본 전통 판화 풍속화인 우키요에에서 영감을 받기도 했다.

근대적 지식의 성장은 과학기술 분야에서 더욱 두드러졌다. 제너E. Jenner의 천연두 예방 종두법과 파스퇴르L. Pasteur의 광견병 예방 백신 개발, 콜레라와 결핵 등 전염병 균을 추출한 미생물학의 성장은 공중보건과 예방의학의 발전을 도왔다. 18세기 말 영국에서 등장한 종두법은 19세기 초 중국에 소개되었고, 19세기 말에는 지석영의 활동으로 조선에도 널리 보급되었다. 뢴트겐W.C. Röntgen의 X선, 퀴리M. Curie의 라듐 발견 역시 의학의 성장에 기여했다. 생물학은 멘델G. Mendel의 유전법칙 발견과 다윈C. Darwin이 《종의 기원》 출간 이후 크게 성장했고, 물리학에서는 에너지보존법칙이 발견되었다. 패러데이M. Faraday에 의한 전기 물리학과 화학의 성장은 실생활에 바로 적용되어 다양한 발명을 가능하게 했다. 모스S. Morse는 전신기를, 마르코니G. Marconi는 무선전신을, 벨A. G. Bell은 전화기를, 에디슨T. Edison은 백열전구와 축음기 등을 발명해 편리성이 증대된 근대적 생활양식의 형성을 도왔다. 19세기 중반 다이너마이트를 발명한 노벨은 이것이 살상무기로 사용되는 것을 슬퍼하며 유언을 통해 과학발전과 평화에 공헌한 이들에게 수여하는 노벨상을 제정했다.

4. 제국주의 열강의 세계 분할

자본주의 경제는 주기적 호황과 불황을 겪지만 1873년부터 시작된 서양의 대불황은 1896년까지 지속되었고, 이 시기에 제국주의가 대두되었다. 제국주의란 19세기 말부터 제1차 세계대전까지의 시기에 산업 열강이 경제·정치·군사적 힘을 전략적으로 동원해 타국의 주권을 침해하고 식민 지배를 하는 행위와 이를 의도하는 이념을 말한다. 서구 열강의 식민지는 근대 초부터 존재했으나 제국주의 식민 지배는 새로운 현상으로 자본주의 위기 타개라는 경제적 동기가 주된 이유였다. 해외 식민지는 산업 원자재의 공급처이자 상품의 판매 시장이었고, 본국 잉여자본의 투자처로 제국의 네트워크 체제를 구성했다. 식민지의 광산 개발뿐 아니라 지배의 효율성을 위한 철도·항만·도시 건설에는 열강의 금융자본이 투여되었다.

제국주의에는 사회적 원인이 존재했다. 대불황기에 활성화된 급진적 노동운동과 사회주의 혁명의 분위기를 잠재우고자, 국내의 계급투쟁을 해

19세기 중반 영제국 지도

외 영토 팽창에 대한 관심으로 돌리려 했기 때문이다. 문화적 원인으로는 먼저 배타적 민족주의가 열강들의 식민지 확보 경쟁을 격화시켰다. 근대문명을 주도한 서구 백인이 비서구 지역에 대한 문명화 사명을 지닌다는 논리 역시 열강들이 식민 지배를 합리화하는 논리로 작동했다. 다윈 진화론의 핵심인 자연선택 논리를 사회에 적용해 적자생존을 주장한 스펜서의 사회진화론H. Spencer이나 우생학도 제국주의 팽창의 문화적 원인이었다. 열강들의 지정학적·전략적 고려도 식민지 확대의 배경이었다. 지정학적 요충지나 해양항로를 연결하는 주요 거점 지역에 대한 식민 통제는 제국의 네트워크를 유지하는 데 전략적 중요성을 지녔다. 영국, 프랑스에 비해 뒤늦게 열강의 대열에 합류한 독일은 아시아와 태평양, 아프리카 곳곳에서 식민지를 확보해 영국과 프랑스를 견제하고 국제적 위신을 강화하려 했다.

영국은 세계 전역에 식민지를 보유한 '해가 지지 않는 제국'이었다. 아시아에서는 18세기부터 서서히 지배 영역을 확장해 온 인도를 1877년에 영제국과 합병해 영국–인도제국을 출범시켰고, 이어 버마와 말레이반도를 식민지로 삼았다. 아프리카에서는 프랑스 자본과 기술로 개통된 수에즈 운하를 차지해 인도로 가는 최단거리 해상로 확보를 위해 이집트를 장악했고, 이후 수단을 차지했다. 남아프리카에서는 19세기 초에 확보한 케이프타운 식민지를 확대하는 과정에서 네덜란드계 정착자들을 보어전쟁으로 제압한 후 20세기 초에 남아프리카연방을 창설했다. 영국은 이집트 카이로, 남아프리카연방 케이프타운, 인도 캘커타를 주요 축으로 삼아 아프리카 남북을 종단하는 정책을 펼쳤다. 프랑스는 19세기 중반 베트남 남부를 장악하고 점점 세력을 넓혀 1887년 인도차이나를 식민화했다. 아프리카에서는 1830년 알제리를 식민화했고, 19세기 말에 북아프리카 모로코와 튀니지, 서아프리카 기니, 말리, 세네갈 등과 동부의 섬 마다가스카르를 식민지로 만들었다. 아프리카를 북서에서 남동으로 횡단하는 정책을 펼쳤다.

독일은 아시아에서 19세기 말에 뉴기니 일부와 중국의 칭다오를 획득했고, 아프리카에서는 서남부의 나미비아, 동부의 탄자니아에 식민지를 건설했다. 19세기 내내 서부개척에 힘쓰던 미국은 대서양에서 태평양까지 영토가 확보된 이후 본격적으로 해외로 진출해 1898년 에스파냐와의 전쟁에서 승리하고 중남미의 쿠바, 푸에르토리코, 아시아의 필리핀 등 이전의 에스파냐 식민지 상당수를 차지했다. 대항해 시기 아프리카 희망봉을 도는 인도항로를 개척한 포르투갈은 아프리카의 서남부 앙골라, 동남부 모잠비크를 식민 지배했으며, 에스파냐는 서사하라지역과 모로코의 도시 두 곳을 식민지로 보유했다. 벨기에는 영국 출신 탐험가 스탠리H. M. Stanley의 콩고 지역 개발 구상을 지원해 19세기 말 콩고를 식민지로 삼았다. 이 지역에서 다이아몬드와 금광이 개발되자 열강들이 아프리카 내륙을 놓고 각축을 벌였고, 독일 수상 비스마르크가 주도한 1884~1885년 베를린회의에서 열강들 사이 영토분할 원칙이 마련되었다. 이탈리아는 19세기 말 동아프리카의 소말리아 일부를 차지했고, 20세기 초에 북아프리카 리비아 해안 지역을 식민지로 만들었다.

1914년 기준 세계 식민지도

제국주의 열강은 제1차 세계대전이 발발한 1914년까지 세계의 85퍼센트를 식민지, 보호령, 신탁통치 등으로 지배했다. 아프리카에서 이때 독립을 유지한 나라는 서양 군사 무기를 빠르게 도입해 19세기 말 이탈리아의 팽창을 군사적으로 저지한 에티오피아, 미국의 자유흑인들이 19세기 중반 건국한 라이베리아 두 나라뿐이었다. 제국주의 식민 지배는 무력에 의한 지배와 억압, 경제 착취와 전통문화 파괴 등 역사의 어두운 면이다. 하지만 제국의 네트워크*는 서양의 제도, 사상, 과학기술, 문화를 빠르게 확산시켰고, 지배국이건 피지배국이건 세계 각지에서 과학기술, 군사력, 경제력, 문화의 중요성에 대한 인식이 심화되었다.

* 제국의 네트워크는 지구 환경과 작물 재배지역에도 영향을 미쳤다. 원산지가 서아프리카인 팜유 나무는 같은 기후대의 동남아 식민지 곳곳에 심어졌다. 원산지가 아마존 열대우림인 고무나무 역시 영국과 프랑스의 동남아 식민지들에 이식되었고, 인도차이나의 고무농장에서 생산된 고무액은 프랑스 타이어 산업의 원재료로 공급되었다.

12장 제국주의에 대한 대응과 저항

1. 중국 개항과 근대화

18세기 말 중국은 광동 항구만 개방해서 대외무역을 했다. 당시 영국은 중국에서 기호품인 차茶를 수입하는 대신 모직물을 수출했으나, 고가품인 관계로 판매가 순탄하지 않았기 때문에 그 차액을 은으로 지불해야만 했다. 차 수입이 증가하면서 은 조달에 고심하던 영국은 식민지인 인도에서 재배된 아편Opium을 중국에 밀수출했다. 아편을 구매하기 위해 그동안 차 무역으로 중국에 유입되던 은이 오히려 국외로 유출되어 청조의 재정은 악화되었다. 이리하여 청조 정부는 아편 엄금령을 내리고 흠차대신으로 임칙서林則徐, 1785~1850를 광저우에 파견했다. 1839년 3월 광저우에 도착한 임칙서는 외국 상인에게 2만여 상자의 아편을 몰수한 후 석회를 섞어서 소각한 후 바다로 흘려버렸다. 이에 영국은 아편 무역 및 전 세계 자유무역 시장구조에 위기가 초래할 것을 우려하면서 이 난국을 무력행사를 통해 타개하기로 결정하고, 아편전쟁을 일으켰다.

1840년 6월 광저우에 도착한 영국함대는 광둥, 샤먼廈門 등의 항구를 봉쇄하고서 북상해 톈진天津을 공격하고 이어서 상하이, 전장鎭江을 거쳐 1842년 8월에는 난징을 압박했다. 난징은 강남의 물산을 북방으로 수송

하는 교통의 요충지로서 이곳을 공격당한 청나라는 전의를 상실한 채 난 징조약을 체결했다. 조약의 주요 내용은, 홍콩의 분할 양도, 5개 항구^{광저}우, 푸저우, 샤먼, 닝보, 상하이의 개방, 영사관의 설치, 소각한 아편에 대한 대가로 6백만 원_元 및 전쟁 배상금으로 1,200만 원 지불, 공행_{公行}제도*의 폐지 등이다. 이 조약 이후 중국은 프랑스와 황푸_{黃浦}조약, 미국과 왕샤_{望廈}조약을 잇달아 체결한다. 이리하여 중국은 조공무역체제에서 서서히 벗어나 문호를 개방하게 되었다.

* 강희제 시기 정성공 세력이 투항한 이후 해외무역이 다시 재개되자 광저우에는 월해관(粵海關)이 설치되었다. 이듬해에는 광동13행이라는 아행(牙行, 중매상인)이 지정되어 월해관의 감독하에 화물의 매매, 관세 징수 등의 업무를 담당했는데, 이것이 공행제도의 시작이다. 이들 아행은 아편전쟁 이전까지 광저우에서 서구 상인과 무역할 수 있는 특권을 중앙정부로부터 부여받았는데, 서구 상인으로부터는 자유로운 무역을 제한한다고 해서 비판하는 소리가 높았다.

아편전쟁 이후 외국 상품의 수입 증가와 배상금 지불을 위한 무거운 세금으로 인해 중국의 농촌은 더욱 피폐해 졌다. 특히 상하이 등 5개 항의 개항으로 인해 종래 독보적 지위를 누리던 광둥은 경제적으로 커다란 타격을 받게 되었다. 이러한 상황 속에서 청조 정부에 대한 불만이 폭발해서 대규모 반란이 일어났다. 바로 홍수전_{洪秀全}이 일으킨 태평천국 운동이다. 객가_{客家}출신의 홍수전은 배상제회_{拜上帝會}를 조직해서 1851년 광시_{廣西}의 진텐촌_{金田村}에서 봉

태평천국 운동

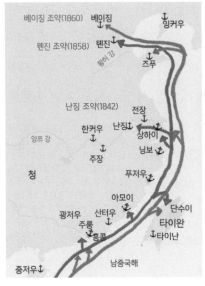

아편전쟁과 중국의 문호개방　　　　　　베이징 조약으로 열강의 중국 분할을 풍자한 그림

기한 후 국호를 태평천국이라고 했다. 청조에 불만을 품은 민중들이 대거 가세하면서 급격하게 성장한 태평천국은 난징南京에 도읍을 정하고 북상을 개시해 톈진天津까지 치고 올라갔다. 태평천국은 10여 년에 걸쳐 강남 일대를 지배했으나, 이상향을 건설한다는 당초 취지에서 벗어나 백성에게 무거운 세금을 거두었고, 지도부의 내분이 일어나 민심이 이반하면서 결국 1864년 증국번曾国藩, 1811~1872 등이 조직한 상군湘軍에 의해 멸망했다.

태평천국 운동이 한창인 1856년, 청조의 관리가 영국 국적의 선박 애로호를 점검하면서 영국 국기를 내리는 애로호 사건이 발생했다. 난징조약 체결 이후에도 중국에 더 많은 이권의 확대를 요구하던 영국은 이 사건을 구실로 다시 군대를 동원했다. 마침 프랑스도 선교사가 살해된 것을 명목으로 군대를 보냈다. 영불 연합군의 막강한 화력에 굴복해 청조

애로호 사건

는 1858년 톈진조약 天津條約을 체결했다. 이 조약으로 5개항을 더 개항하고, 외교관의 베이징 주재, 내지 여행의 자유 등이 승인되었다. 그런데, 1860년 청조 군대가 조약 비준을 위해 베이징으로 향하던 영불 사절을 공격했다. 이에 영불연합군이 다시 베이징으로 진격하자 함풍제咸豊帝는 리허熱河, 지금의 청더承德로 피신했다. 베이징을 점령한 영불연합군은 수많은 약탈과 방화를 자행했다. 청조는 영불 연합군의 무력에 다시 굴복해 1860년 베이징조약을 체결해서 톈진조약의 내용을 비준하고 외교사절의 베이징 주재를 허용하며, 자국민의 해외 도항 등을 승인*했다. 조약을 중재했다는 구실을 들어 러시아에게는 연해주 지역을 할양했다.

* 베이징 조약에서 중국인의 해외 도항이 승인되면서 미국 캘리포니아 금광 개발(골드러시)과 맞물려 중국인의 미국 이민이 급증하게 되었다.

한편, 태평천국을 진압하는 과정에서 근대적 무기의 우수성을 통감한 지배층은 서양의 물질문명을 받아들여 중국을 개혁하는 정책을 추진했는데, 이를 양무운동이라고 한다. 이 운동은 증국번·이홍장李鴻章, 1823~1901·좌종당左宗棠, 1812~1885을 중심으로 추진되었다. 양무운동은 군사 무기의 근대화를 비롯해 면직물·해운·철도·광산·통신·교육·출판 등 광범위하게 진행되었다. 양무운동은 근대 중국 초기 공업화를 촉진하는 데 기여하기도 했으나 지역 색채가 매우 짙어서 국가 전체의 부국강병으로 연결되지 못했다. 게다가 관료주의 때문에 민간자본이 자유롭게 자라지 못하면서 양무운동은 좌절되었다. '중체서용中體西用'을 기본이념으로 하는 양무운동은 중국의 구체제를 유지한 채 서구 문명을 받아들이려 했다는 점에서 근본적인 모순을 내포했다는 평가를 받는다. 다만, 이 운동을 통해 중국이 더 이상 천하의 중심이 아니라 세계 속의 일원이라는 다원론적 세계관을 갖게 되었다는 점은 이후 국민국가로 나아가는 데 큰 의미가 있다.

2. 일본 개항과 근대화

19세기 말 일본의 막번체제幕藩體制가 재정난으로 동요하는 가운데 사쓰마번薩摩藩과 쵸슈번長州藩은 개혁을 통해 실력을 비축해 나갔다. 이런 가운데 1853년 7월 미국의 페리Matthew Calbraith Perry, 1794~1858가 이끄는 함대가 우라가浦賀에 내항해서 일본에 개항을 요청했다. 이른바 '흑선黑船의 내항'이다. 미국 함선의 무력시위 앞에 에도막부는 쇄국정책을 포기하고 이듬해 개항했다. 나아가 1858년에는 '미일수호통상조약'을 체결해서 가나가와神奈川 등 5개 항구를 개항하고 자유무역 및 개항장에서의 거류지조계지 설치와 외국인의 내지여행을 제한적으로 승인했다. 이 통상조약은 치외법권을 인정하고 관세자주권을 상실했다는 점에서 불평등한 조약이었다.

통상조약 체결 후 일본 국내경제의 상황은 급격히 악화되면서 각지에서 양이攘夷운동이 일어났다. 그 중심에 있던 사쓰마번과 쵸슈번은 서구 열강에 대항하기 위해 우선 에도막부를 타도하고 근대적 통일국가를 건설하고자 했다. 에도막부는 1867년 모든 권력을 조정에 반환한다는 '대정봉환大政奉還'을 통해 정권을 유지하려고 했지만, 사쓰마와 쵸슈의 반발에 부딪혀 결국 이듬해인 1868년 무진전쟁戊辰戰爭으로 막부가 붕괴되고 메이지 천황을 정점으로 하는 유신정부가 세워졌다.

메이지정부는 천황을 중심으로 대대적인 개혁에 착수했다. 우선 번주의 영지[版]와 인민[籍]을 회수하는 '판적봉환版籍奉還'과 번을 폐지하고 부府와 현縣을 설치해서 관리를 파견하는 '폐번치현廢藩治縣'을 단행해 중앙집권체제를 정비했다. 그리고 지조개정地租改正을 통해 안정적 재원을 확보한 후 적극적으로 부국강병책을 추진해서 병기·화약·조선 등 군사공장을 세우고 제사·방직 등의 관영공장을 설치해 외국에서 기계 및 기술자를 적극적으로 유치했다. 사농공상의 신분제도를 폐지했으며, 화폐 및 금융제도도 정비했다. 이러한 식산흥업과 더불어 강병책으로 징병제를 실시해서 근대적 육해군을 창설했으며, 국민교육에 착수해 6세 이상의 모든 남녀에게 천황에 대한 충성과 국가에 대한 봉사를 가르쳤다.

메이지정부는 근대적인 제도나 개혁을 추진하기 위해 정부 사절을 구미에 파견했는데, 1871년 황족 이와쿠라 도모미岩倉具視를 비롯해 기도 다카요시木戶孝允, 오쿠보 도시미치大久保利通, 이토 히로부미伊藤博文, 야마구찌 나오

1854년 불평등 조약으로 인한 일본 개항

요시山口尚芳 등 정부 주요 인사가 참여한 이와쿠라 사절단은 유신정부의 개혁에 커다란 영향을 미쳤다. 이 사절단은 약 1년 9개월여에 걸쳐 구미를 시찰하고 돌아왔는데, 50여 명의 유학생도 같이 출발했다. 메이지정부의 개혁에 의해 서양의 자유주의나 개인주의 등 근대적 사상도 소개되었다. 이 시대의 대표적 사상가로 후쿠자와 유키치福沢諭吉를 들 수 있다. 문명개화의 선구자로 유명한 그는 《학문의 권유学問の進め》라는 저서를 통해 만민평등 사상을 주창했으며, 구미여행을 경험으로 《서양사정西洋事情》1867을 출판해 서양 각국의 문물과 제도를 소개해서 커다란 반향을 불러일으켰다. 이 책은 유길준이 《서유견문西遊見聞》을 저술하는 데 영향을 주었다.

3. 일본 제국주의의 팽창

메이지유신 이후 일본정부는 중국과 청일수호조규1871를 체결해 양국의 대등한 관계를 확립했다. 이 조약은 중국과의 관계 개선 뿐만 아니라 중국의 조공국인 조선에 대한 우위를 확보하고 류큐에 대한 지배를 강화하기 위한 것이었다. 마침 일본은 1871년 12월 류큐의 미야코지마宮古島 도민이 표류한 타이완에서 피살되는 사건을 계기로 류큐국을 류큐번으로 강등시켜 류큐에 대한 간섭을 강화하다 1879년 류큐번을 폐지하고 오키나와현으로 변경했다.

메이지정부는 조선에 사절단을 파견해 신정부가 발족했음을 알리고 국교 재개를 희망했다. 그러나 조선은 일본의 국서가 '황皇', '칙勅' 등 중국 황제만 사용할 수 있는 용어를 불손하게 사용했다는 것을 이유로 국서를 수리하지 않았다. 당시 흥선대원군은 서구열강에 대한 경계심을 강화해서 쇄국양이鎖國攘夷를 국시國是로 표방했는데, 서양에 문호를 개방한 일본 역시 양이洋夷와 마찬가지로 인식해 강한 불신과 경계심을 갖고 있었다. 일본에서는 조선의 국교 거부를 모욕으로 간주해서 무력으로라도 조선을 개방시켜야 한다는 이른바 '정한론征韓論'이 제기되기도 했으나 흥선대원군이 섭정에서 물러나자 다시 국교 재개 교섭을 했다. 그러던 중 1875년 운요호 사건을 구실로 마침내 조일수호조규일명 강화도조약를 체결했다. 이 조약은 부산 외에 2개항의 개항, 영사재판권, 일본 상품의 무관세 통관 등 일본이 서구 열강에 강요당한 불평등조약보다 더 심한 것이었다.

조선을 둘러싼 청조와 일본의 대립은 청일전쟁으로 이어졌다. 1894년에 일어난 갑오농민전쟁을 계기로 조선에 들어온 청일 양국은 7월 15일 일본군이 풍도만豊島灣에 정박 중이던 청군에게 가한 기습공격을 개시로 전쟁에 들어갔다. 풍도해전과 성환成歡전투, 이어서 벌어진 평양전투, 황해전투에서 청조 군대는 크게 패했다. 기세를 몰아 일본군은 10월 청조 영내로 진격을 개시해 11월에는 랴오둥반도의 뤼순旅順을 점령했다. 1895년 1월 일본은 북양함대가 결집해 있던 웨이하이웨이威海衛를 공격해 함락하자 청조는 패배를 자인하고 시모노세키下關에서 강화조약을 체결했다. 시모노세키조약은 ①조선은 자주독립국임을 인정한다. ②랴오둥遼東반도 및 타이완臺灣, 펑호열도彭湖列島 등을 일본에 할양한다. ③배상금으로 2억 량이 금액은 당시 청조정부 연 수입의 3배에 해당을 지불한다. ④개항장에서 일본인의 제조업을 허가한다는 내용을 골자로 하고 있다. 그러나 조약을 조인한 지 얼마 후, 러시아 주도하에 프랑스, 독일이 일본에 대해서 랴오둥반도를 포기할 것을 강력하게 권고해 왔다. 이 '삼국간섭'으로 인해 일본은 랴오둥반도를 청에 반환했다.

청일전쟁에서 승리한 일본은 김홍집 내각을 발족시켜 노골적으로 조선의 내정에 간섭하기 시작했다. 명성황후 일파가 러시아에 접근해서 일본을 견제하려고 하자 일본은 명성황후를 시해하는 '을미시해사건'을 일으켰다. 이에 신변의 불안을 느낀 고종은 러시아 공사관으로 몸을 피신하게 되니 이를 '아관파천俄館播遷'이라고 한다. 이후 김홍집 내각이 몰락하고 러시아의 영향력이 강화되자 일본은 러시아와 전쟁준비에 몰두하는 한편, 러시아의 남진정책을 견제하던 영국과 동맹을 추진했다. 이 영일동맹의 배경에는 1900년에 일어난 의화단운동도 있다. '부청멸양'을 기치로 산동에서 의화단운동이 일어나자 구미열강은 연합군을 결성해 사투를 벌였다. 의화단이 만주 등지로 달아나자 러시아는 만주의 권익을 보호한다는 명목하에 대군을 파견하니 이를 견제하기 위해 영국은 일본의 도움이 필요했던 것이다.

일본은 1904년 2월 인천항에 정박 중이던 러시아 함대에 선전포고도 없이 기습공격을 가해 러일전쟁을 개시했다. 일본은 한국에 상륙해 단숨에 압록강에 진출했으며, 나아가 랴오둥반도에 있는 뤼순, 다롄 등 러시아의 거점을 점령했다. 일본은 선제공격을 통해 전세를 유리하게 이끌어 갔지만, 군사력·재정력에서 한계를 드러내면서 전선은 교착되어 갔다. 마침 러시아에서도 1905년 혁명의 기운이 무르익어 가면서 반전 운동에 대한 기운이 높아져 갔다. 이에 러시아와 일본 모두 중국에서 세력을 확장하는 것을 바라지 않던 미국은 일본의 의뢰를 받아 중재에 나서 1905년 미국의 포츠머스에서 강화조약이 체결되었다. 강화조약은 일본의 조선에 대한 권익을 일방적으로 인정하고, 뤼순·다롄에 대한 조차권을 양도했다. 그리고 장춘에서 뤼순에 이르는 동청철도東淸鐵道 남부선후의 남만주철도의 양도 및 북위 50도 이하의 사할린 및 그 부근의 도서島嶼를 일본에게 양도한다는 내용을 담고 있다.

이후 일본은 한국에 대한 식민지 지배에 본격적으로 착수했다. 러일전쟁 발발과 함께 '한일의정서'를 강제로 조인해 전국에 일본군을 배치하는 등 한국을 병참기지화했다. 나아가 '제1차 한일협약'1904을 체결해 한국의 외교권 및 재정권 등을 박탈했다. 독도를 자국의 영토로 포함시킨 것도 이 시기이다. 그리고 1905년 '제2차 한일협약乙사늑약을 체결해 한국에 대한 실질적인 지배를 강화해 나갔다. 한국에서는 '제2차 한일협약'에 서명한 이완용을 비롯한 5명의 각료를 '을사오적'으로 규탄하고 일본의 제국주의적 침략에 저항하는 항일 의병 활동이 전국에서 거세게 일어났으나, 결국 1910년 일본에 병합되었다.

4. 근대 중국의 개혁과 혁명

청일전쟁 패배 이후 열강의 중국 분할 의도가 점차 노골화되자 중국 지식인들은 그 책임을 물어 실권자인 리훙장李鴻章의 탄핵을 요구하는 한편, 청나라의 지배체제를 근본적으로 개혁해서 근대적 국가로 거듭나야 한다는 변법운동을 전개했다. 이 운동을 주창한 인물은 광둥성廣東省 출신의 캉유웨이康有爲; 1858~1927이다. 그는 1895년 베이징에 와서 광서제光緒帝에게 상서上書를 올려 국가적 생존을 위한 광범위한 제도의 개혁을 주장했다.

이 개혁안을 받아들인 광서제는 마침내 정치개혁에 착수해서 입헌군주제에 입각한 행정개혁, 근대적 교육기관인 경사대학당京師大學堂의 설립, 과거제의 팔고문八股文 형식 폐지 등을 지시했다. 이른바 '무술개혁戊戌改革'이

의화단 운동과 8개국 연합국의 출병

다. 그러나 급진적 개혁안은 보수파 관료들의 반대에 부딪혀 거의 실현되지 않았다. 광서제는 북양군北洋軍의 지휘관인 위안스카이袁世凱를 포섭해 무력으로 반대파를 누르려고 했지만, 오히려 위안스카이의 변절로 서태후에게 역습을 당해 유폐되었다. 이로 인해 무술변법운동은 '백일유신百日維新'으로 막을 내렸다. 이후 청조는 보수파 세력이 장악하면서 변법운동에 호의적이던 열강과의 관계가 악화된다.

한편, 의화단운동 이후 열강의 중국 침략이 노골화되자 서태후는 양무파 관료인 장쯔통張之洞, 1837~1909 등과 함께 '광서신정光緖新政'을 단행했다. 이 개혁은 입헌군주제로의 이행, 군대의 근대화, 산업 진흥 그리고 과거제 폐지 및 새로운 인재 육성을 위한 교육 제도의 개혁 등을 주요 내용으로 하고 있다. 이 신정은 청나라의 존망을 내건 마지막 개혁 정책이었지만, 개혁에 필요한 재정 확보와 청일전쟁 이후 열강에 배상금 지불을 위해 무거운 세금에 시달리던 민중들의 반청의식이 높아져 갔다. 게다가 청조가 부족한 국가재정을 위해 민간자본으로 건설되던 천한철로川漢鐵路등 간선 철로에 대한 국유화를 발표하자 민중들의 불만이 도화선이 되어 1911년 10월 10일 우창武昌에서 혁명이 일어났다. 신해혁명이 발발하자 청나라 정부는 위안스카이를 내각총리대신에 임명해 혁명을 진압하고자 했으나

이미 대세를 돌이킬
수는 없었다.

1912년 1월 1일 난징
에서 혁명을 주도한
쑨원孫文을 총통으로
중화민국이 수립되었
다. 중화민국은 아시
아 최초의 공화국이

중화민국 탄생을 알리는 포스터

라는 점에서 역사적 의의가 크다. 그러나 난징정부는 재정적 압박 속에서
응집력을 상실했다. 쑨원은 위안스카이와 은밀히 교섭해 청조 황제의 퇴
위와 중화민국의 승인 등을 조건으로 대총통의 지위를 양도할 것을 약속
했다. 이리하여 위안스카이는 청조의 마지막 황제를 퇴위시키고 임시대
총통에 취임했다. 위안스카이는 군대와 입헌파의 지지를 바탕으로 외국
차관을 주요 재원으로 삼아 근대화 정책을 추진했다. 그러나 1912년 12월
에 열린 제1회 국회의원 선거에서 국민당에 패배하자 이듬해 3월 국민당
당수 쑹자오런宋敎仁을 암살하고 국회를 해산했다. 중화민국이 민주주의
에 입각한 법치국가로 성장할 수 있는 가능성을 꺾어 버린 것이다. 이후
위안스카이 정부가 제1차 세계대전이 발발하면서 일본이 요구한 21개조
요구를 수용하자 전국적으로 반일운동과 위안스카이 비난이 확산되었
다. 국내외 정세의 혼란 속에서 위안스카이는 제정帝政 부활을 통해 난국
을 타개하려고 했지만, 역사를 거꾸로 되돌리는 반민주적 행태로 인해 중
화민국은 더욱 혼돈으로 빠지게 되었다.

5. 식민지배에 대한 아시아 아프리카의 저항

서구 열강들의 제국주의 팽창은 각지에서 저항을 받기는 했으나 무력으로 진압되었다. 16세기 초 인도 북부에 들어선 이슬람 무굴 제국은 17세기에 번성을 누렸으나 18세기부터 여러 지방 정치세력이 등장하는 정치적 분열로 쇠퇴해갔다. 18세기 중엽 영국과 프랑스의 식민지 쟁탈전이던 7년 전쟁에서 승리한 영국은 인도 전역 지배의 기반을 확립했다. 특히 영국 동인도회사는 인도인 용병을 유럽식으로 훈련시켜 양성한 세포이sepoy 부대를 동원해 인도 여러 지방의 소규모 토후국들을 장악했다. 경제적으로

영국 동인도회사

영국 동인도회사는 자국 면직물 산업 보호를 위해 영국으로 수출되는 인도산 면직물에 높은 수입 관세를, 반대로 인도로 수입되는 영국산 면직물에는 낮은 수입 관세를 부여해 수공업 기반의 인도 면직물 산업을 붕괴시켰고, 인도를 영국의 산업에 필요한 원료 공급지로 전락시켰다. 경제적 착취와 더불어 영국식 문물 도입이 인도의 고유한 문화적 전통이나 종교관과 충돌하며 반영 감정이 커지면서, 1857년 일부 세포이 부대가 반영 반제국주의 무장투쟁인 세포이 항쟁을 펼쳤다. 1년 만에 이를 진압한 영국은 인도를 직접 지배하기 위해 무굴 제국의 마지막 황제를 추방하고, 영국 동인도회사를 해체한 후 1877년 영국-인도제국을 탄생시켰다. 1885년 인도인의 정치단체로 결성된 인도국민회의는 처음에는 영국에 우호적 입장으로 불합리한 통치에 대한 개혁을 요구하는 활동을 했으나 1905년

영국이 벵골을 동서로 분할하자 적극적인 반영 활동에 나섰고, 영국은 1911년 벵골 분할령을 철회했다.

프랑스는 1858년 베트남에서의 가톨릭 선교사 박해를 구실로 함대를 파견해 베트남 남부를 장악한 후 1862년 사이공조약으로 남부 3개 성 할양, 3개 항구 개항 등을 얻어냈다. 이후 영향력을 확대하다 1882년과 1883년 두 차례의 후에조약Treaty of Hué으로 베트남을 프랑스의 보호령으로 삼았고, 1887년에는 베트남, 라오스, 캄보디아를 프랑스령 인도차이나로 지배했다. 베트남에서는 민족주의 각성에 따른 무장투쟁이 전개되었으나 진압되었고, 선진 문물을 배워 근대화를 도모하는 움직임도 나타났다. 아프리카에서는 독일이 1884년에 식민화한 독일령 남서아프리카현재 나미비아에서 원주민인 헤레로Herero 족이 경제적 착취에 저항해 1904년 봉기를 일으켰다가 독일 군대에 의해 집단 학살된 20세기 최초의 제노사이드가 발생했다.

제5부

현대 세계와
지구촌의 미래

13장 양차 세계대전

1. 제1차 세계대전과 베르사유 체제

1914년 6월 28일 보스니아의 사라예보를 방문한 오스트리아의 황태자 부부가 세르비아계 민족주의자의 총격에 희생되었다. 한 달 뒤 오스트리아는 세르비아에 선전포고를 하면서 제1차 세계대전이 시작됐다. 동유럽 발칸반도는 동로마 제국 몰락 이후 오스만 튀르크의 영역이었으나 오스만 튀르크의 힘이 약해지면서 19세기 후반 슬라브계인 세르비아가 독립했다. 이후 게르만계 오스트리아가 1908년에 보스니아와 헤르체고비나를 합병하자 세르비아와 러시아가 반발하면서 범게르만주의 대 범슬라브주의 세력의 갈등이 본격화되었다. 발칸에서의 민족주의 갈등은 발칸 여러 나라들이 공동으로 오스만 튀르크와 벌인 1912년의 제1차 발칸전쟁, 오스만 튀르크에게 획득한 영토 분배 문제로 불가리아와 다른 동맹국 사이에 발생한 1913년 제2차 발칸전쟁을 통해 격화되었다.

오스트리아가 세르비아에게 선전포고하자 세르비아 후견국인 러시아는 오스트리아에, 오스트리아 동맹인 독일은 러시아에 선전포고를 했다. 독일은 바로 이어 러시아와 동맹이던 프랑스에도 선전포고를 했고, 영국은 프랑스와 러시아를 지원하며 독일에 선전포고를 했다. 동맹관계로 뒤

엉킨 19세기 말 20세기 초의 국제관계가 유럽 주요국 모두를 전쟁에 끌어들인 것이다. 독일은 1870년대 초부터 오스트리아, 러시아와 3제 협약을, 1880년대 초에는 오스트리아, 이탈리아가 3국 동맹을 맺어 프랑스를 견제했다. 3제 협약은 범슬라브주의와 범게르만주의의 대결 속에서 갱신되지 못했고, 고립된 러시아는 1894년에 프랑스와 동맹을 체결했다. 1900년대에는 프랑스와 영국, 영국과 러시아가 가까워지며 3국

오스트리아 황태자 암살

협상이 성립되어 3국 동맹에 대응하던 상황이었다. 전쟁 개시 이후 일본이 협상국 편에, 오스만 튀르크가 동맹국 편에 섰다. 전쟁 이전 3국 동맹국이었으나 전쟁에 중립을 표하던 이탈리아는 1915년 협상국 편에, 같은 해 불가리아가 동맹국 편에, 1916년엔 루마니아,

제1차 세계대전 이전 유럽 내 동맹

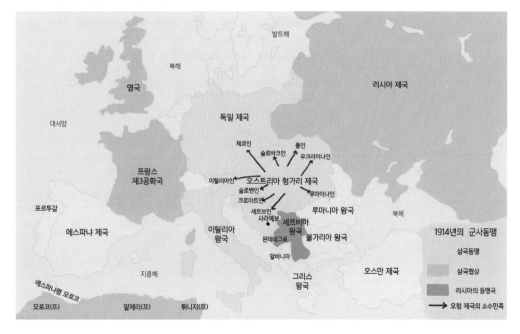

1917년에는 그리스와 미국이 협상국 편에 합류했다.

독일은 1870년 프랑스-프로이센 전쟁에서 빠르게 승리했던 경험을 바탕으로 전격전으로 서부전선에서 승리 한 후 동부전선에 집중하려 했다. 계획을 세운 참모총장 이름을 딴 슐리펜 계획으로 독일군은 중립국 벨기에를 장악하고 프랑스 북부까지 빠르게 진격했으나 프랑스는 쉽게 물러나지 않았다. 결국 독일은 서부와 동부 이중전선에서 전쟁을 전개하며 결정적 승리를 거두지 못했고, 교착상태의 전쟁은 장기화되었다. 바다에서는 영국이 우세를 보이자 독일이 잠수함 공격을 개시했고, 1915년에 영국 여객선을 격침해 다수의 미국인을 희생시켰다. 1917년 초 독일은 중립국 선박에도 잠수함 공격을 하겠다고 선포했다. 게다가 멕시코의 미국 공격을 지원하겠다는 독일 외무장관이 멕시코 주재 자국 대사에게 보낸 비밀 전보가 영국의 해독을 통해 미국에 전해지며 미국 내 반독 정서가 확대되었고, 결국 1917년 4월 미국이 독일에 선전포고했다. 서부전선은 미국 참전으로 영-프-러에 유리해졌다. 동부전선에서는 1917년 10월 러시아혁명으로 집권한 볼셰비키가 1918년 3월 독일과 휴전했고, 불가리아, 오스만 튀르크, 오스트리아가 순차적으로 항복했다. 독일에서는 1918년 11월 초 병사 반란으로 시작된 혁명으로 황제가 퇴위했고, 사회민주당 중심의 임시정부가 11월 11일 휴전 협정을 조인해 서부전선에서도 전쟁이 끝났다.

제1차 세계대전은 장기전, 참호전이었고 후방의 국민도 군수품 생산에 동원되고 전시경제의 통제를 받으며 전쟁에 참여한 총력전이었다. 본국과 네트워크로 연결된 식민지인들도 전쟁을 치렀다. 영국군에는 인도 벵골 출신 부대가, 프랑스군에는 세네갈 부대가 포함되었다. 전후 많은 나라에서 여성참정권을 허용해 총력전에 동원된 여성을 온전한 시민으로

베르사유조약

인정했다. 물론 이는 19세기 말부터 조직적으로 전개된 여성참정권 획득 운동의 성과이기도 했다. 한편 19세기의 과학기술 성장에 연계된 군사무기의 혁신으로 처음으로 기관총, 독가스, 탱크, 비행기, 잠수함 등 대량살상무기가 전쟁에 사용되어 군인과 민간인 사망자 약1,600만에서 1,900만 명, 부상자 약2,300만 명의 피해를 입혔다.

평화회담은 1919년 초부터 파리에서 개최되었고 같은 해 6월에 베르사유조약이 체결되었다. 평화회담에 참가한 윌슨은 처음으로 유럽을 방문한 미국 대통령이었다. 그가 1918년 1월에 발표한 전후 질서에 관한 원칙인 '14개 조항'에 포함된 민족자결원칙은 동유럽에 적용되는 것이었다. 베르사유조약으로 폴란드가 독립하고, 체코슬로바키아와 유고슬라비아가 탄생했다. 식민지에서도 한국의 3.1운동 등 민족자결과 독립국가 건설의 열망이 표출되었으나 열강들의 큰 관심을 얻지 못했다. 파리평화회담에서는 독일이 다시는 전쟁을 일으키지 못하도록 만들려는 프랑스의 영향력이 강했고, 이는 베르사유조약에 그대로 반영되었다. 독일의 군사력 제한과 재무장 금지, 전쟁 피해에 대한 막대한 보상금 지급이 그것이다. 또한 프랑스는 알자스와 로렌 등 1870년에 독일에 빼앗긴 영토를 되찾았고, 독일의 아프리카 식민지는 영국과 프랑스가 계승했다. 칭다오의 독일 해군을 공격해 전승국 인정을 받은 일본은 산둥반도에 대한 이권 확보를 베르사유조약에 포함시켰다. 이에 항의하는 중국 학생들이 5.4운동을 전개했고, 중국은 베르사유조약을 인정하지 않았다. 국제연맹 창설은 베르사유조약의 성과였으나 미국은 의회의 반대로 회원국이 되지 못했고, 국제연맹 규약을 위반하는 회원국에 대한 규제방안도 마련되지 않았다.

2. 러시아 혁명과 소련의 탄생

러시아는 19세기 중반 농노해방령 이후 차르 전제정이 유지되는 가운데 자본주의가 발전하면서 부르주아와 자유주의가 성장하는 동시에 노동운동과 마르크스주의도 확산되었다. 러시아의 전통적 농촌공동체를 중시한 인민주의자들은 '인민 속으로'라는 뜻의 '브나로드' 활동과 함께 농촌에서 전제정 타도 활동을 펼쳤으나 실패했고, 남은 세력은 20세기 초에 사회혁명당을 창당했다. 노동계급 중심의 혁명운동은 19세기 말 마르크스주의에 기반을 둔 러시아 사회민주노동당 창당으로 본격화되었다. 자유주의적 중산층도 입헌체제를 요구하며 반체제 활동을 강화했던 상황에서 만주와 한반도에 대한 영향력 문제로 1904년 러일전쟁이 발생했다. 러시아가 계속 패배하던 1905년 1월 상트페테르부르크에서 노동환경 개선, 의회 설치, 시민적 자유 등을 차르에게 탄원하는 노동자 평화시위대에 황제 친위대가 발포해 다수의 사망자가 발생했다. '피의 일요일'이라 불린 이 사건 이후 노동자의 파업과 농민 폭동이 확대되고, 자유주의 세력도 의회 설립을 요구했으며 5월 말 러일전쟁에서도 최종 패배했다. 차르 니콜라이 2세는 결국 10월 선언으로 입법의회인 두마 설립, 선거권 확대, 언론사상집회결사 등 시민적 자유 확대를 약속하며 입헌체제를 수용했다. 이것이 1905년 러시아혁명이다.

그런데 니콜라이 2세는 약속을 잘 이행하지 않았다. 1906년 임명된 수상 스톨리핀은 혁명운동을 탄압하면서 제한된 입헌정치를 시작했다. 이듬해에는 황제 친위 쿠데타로 혁명의 성과가 대폭 축소되었고 혁명운동이 대대적 탄압을 받게 되었다. 1914년 발생한 제1차 세계대전이 장기화되면서 민중의 생활고가 증대하자 1917년 2월 상트페테르부르크에서 여성들의 반체제 시위가 발생하고, 이를 지지하는 노동자들의 차르 타도와 전쟁 중지를 외치는 파업과 시위가 계속되었다. 시위 진압을 거부한 병사들은 노동자들과 합류해 노동자-병사 소비에트를 조직했다. 노동자·농민·병사들에게 크게 확대된 평의회란 뜻의 소비에트 건설은 민주적 권력체로 자리잡아갔다. 이에 차르 니콜라이 2세가 퇴위를 발표해 로마노프 왕조의 러시아 제국이 무너졌고 이를 1917년 러시아 2월 혁명이라 부른다. 차르 퇴위와 함께 자유주의 세력이 임시정부를 수립하면서 소비에트와 이원적 권력 체제를 구축했다.

당시 러시아 사회민주노동당에는 2월 혁명을 부르주아혁명으로 간주하며, 부르주아 사회가 성장한 이후 사회주의 혁명이 가능하다고 인식한 멘셰비키소수파라는 의미, 노동자계급이 바로 권력을 장악해 공산주의로 도약할 수 있다고 인식한 볼셰비키다수파라는 의미가 대립했다. 볼셰비키를 이끌던 레닌은 망명지에서 돌아와 '모든 권력을 소비에트로', 임시정부와 협력 거부, 전쟁 반대를 주장하는 '4월 테제'

러시아 2월 혁명(위)
볼셰비키 선전 포스터(아래)

를 발표했다. 그러나 임시정부는 전쟁 지속을 결정했고, 6월 총공세에 나섰으나 참패했다. 7월 소비에트의 권력 장악을 요구하는 민중봉기는 실패했으나 점점 볼셰비키의 영향력이 커져갔다. 10월 볼셰비키가 주도한 군사혁명위원회 무장 세력이 임시정부를 붕괴시켰고, 러시아 소비에트 대회에서 레닌을 의장으로 하는 인민위원회 구성과 소비에트공화국을 선포하며 10월 혁명이 성공했다. 공산당으로 개칭한 볼셰비키는 혁명 반대 세력과의 내전에서 승리한 후 1922년 12월 소비에트 사회주의 연방공화국소련을 수립했다. 소련의 반제국주의 표방과 사회주의 계획경제에 의한 빠른 성장은 식민지의 반제국주의 활동을 촉진시켰고, 많은 저개발국가에 서유럽과는 다른 근대화의 길을 제시했다. 이로 인해 많은 나라에서 볼셰비키 혁명노선을 따르는 공산당이 조직되었는데, 식민지에서 결성된 공산당은 제국주의 지배에서 벗어나는 민족해방 투쟁을 사회주의 혁명과 연계시키려 했다. 소련은 각국의 공산당과 코민테른이라는 국제 네트워크를 조직했다.

3. 대공황과 뉴딜

미국은 1920년대에 번영을 구가했다. 제1차 세계대전 이전에 등장한 포드 자동차의 컨베이어 벨트 생산 시스템으로 가능해진 자동차의 대량생산 대량소비는 경제 호황을 주도했다. 뉴욕에 마천루 빌딩이 들어서는 등 대도시의 건설업도 성장했고, 주식시장도 크게 활성화되었다. 그런데 단기 주식거래로 큰 이익이 발생하자 일반인은 물론 은행들도 신용대부를 통한 주식거래에 뛰어들어 주식투기가 극심해졌다. 결국 1929년 10월 24

세계 대공황으로 실직한 이들이 1931년 시카고 무료급식소 앞에 줄을 선 모습

일 '검은 목요일'에 주가가 폭락하면서 이후 10여 년 이상 지속된 세계 대공황이 시작되었다. 자동차와 건축 등 일부 산업에 의존한 번영으로 경제 다양성이 부족했고, 부의 분배가 제대로 이루어지지 않아 노동자와 농민 등 다수의 소비 수요와 구매력에 한계가 있었다. 제1차 세계 대전 기간 유럽에 수출하기 위해 은행 대출로 대형화 기계화한 농업 부문은 전후 유럽 농업의 회복으로 판로가 줄어들자 과잉생산의 위기에 빠졌다. 이로 인해 농업과 연계된 은행이 어려움에 빠졌고, 전쟁 배상금 지불을 돕기 위해 독일과 오스트리아에 많은 금액을 대부하던 거대 은행도 상환 연장 대신 수익률 높은 주식시장에 무리하게 투자한 것이 대공황의 복합적 원인이었다. 미국 한 나라의 경제 위기가 네트워크로 연결된 유럽 여러 나라의 상황에 영향을 받으며 세계적 공황으로 확산된 것이다.

미국에서는 1929년 가을부터 은행들이 도산하며 금융 시스템이 붕괴하고, 통화 공급이 감소해 구매력이 줄고 물가가 하락해 제조업체 생산이 감축되며 대량해고가 이어졌다. 산업도시뿐 아니라 잉여생산을 해결하지 못한 농촌도 심각한 위기에 직면했다. 그러나 당시 대통령 후버는 시간이 걸릴지라도 시장의 '보이지 않는 손'이 경제위기를 해소할 거라 믿고 별다른 위기 타개책을 내놓지 않았다. 1932년 대선을 앞두고서야 후버댐 건설을 시작하며 공공사업을 벌였으나 경제는 최악의 상황이었다. 대선에서 '뉴딜'을 약속한 루즈벨트 F. Roosevelt는 1933년 봄 취임하자마자 긴급은행법을 제정해 금융시스템의 복구에 착수했다. 이어 농업조정법, 산업부

흥법을 제정해 위기에 빠진 농업과 제조업의 부흥을 도모했고, 테네시계
곡개발공사를 설립해 대규모 공공사업을 펼쳤다. 소액 예금자의 예금 보
호, 은행의 투기 억제, 주식시장에 대한 관리감독도 제도화했다. 1935년
에는 노사관계법 제정으로 노조결성과 단체교섭을 보장했고, 사회보장
법을 제정해 노령연금을 제도화했다.

루즈벨트 대통령이 1936년 재선에 성공해 뉴딜 정책은 계속되었으나
경제회복은 쉽지 않았다. 대공황은 1939년 유럽에서 제2차 세계대전이,
1941년 태평양전쟁이 일어나 과잉생산이 해소되고 군수산업이 활성화되
며 극복되었다. 사실 뉴딜 정책의 역사적 의미는 경제회복이 아니라 자본
주의의 체질을 개혁한 것에 있다. 산업혁명 이후 자유방임 시장 중심 자
본주의가 낳은 대공황을 다시 반복하지 않도록 국가가 공공의 이익을 위
해 경제와 사회 영역에 일부 개입하고 관리·감독하는 것을 제도화한 것이
이다. 영국의 경제학자 케인즈J. M. Ketnes가 1936년에 출간한 《고용, 이자 및
화폐의 일반이론》은 거시적 경제 관리를 강조해 뉴딜정책은 물론 전후
수정자본주의의 이론적 기초가 되었다.

4. 파시즘과 나치즘의 위협

이탈리아는 제1차 세계대전에서 협상국 편에 서 전승국이 되었으나 전
후 협상에서 얻은 것이 별로 없었기에 참전 군인들의 불만이 컸다. 무솔
리니는 사회에 불만을 가진 참전 군인들을 모아 1919년 밀라노에서 '결속'
을 뜻하는 파시스트 단체를 결성했다. 같은 해 총선에서 제1당이 된 사회
당은 적극적인 사회정책을 펼치며 1920년 노동자 파업은 물론 토지 점유

를 선동한 공산주의자들로 인한 농촌의 혼란에 제대로 대처하지 못했다. 부유층과 중산층은 공산주의 위험에서 자신들을 보호해줄 세력으로 검은 셔츠를 입은 파시스트 정파를 후원했다. 1921년 총선에서 35명의 의원을 당선시킨 파시스트당은 1922년 공장 점거와 공산혁명 시도가 발생하자 로마로 진격하며 공산주의 위협에서 이탈리아를 구하겠다고 세를 과시했다. 이에 국왕은 무솔리니를 수상에 임명했고, 파시스트당은 몇 년 뒤 모든 정당을 해체하고 유일 정당이 되었다. 파시즘은 민족공동체인 국가를 절대시하며 개인의 자유를 억눌렀고, 국가조직과 경제 모든 영역을 협동조합 체제로 전환시켰으며, 1935년에는 에디오피아를 침략했다. 자본주의도 공산주의도 아닌 새로운 정치·경제 체제로서 파시즘은 사상적 절충성과 모호성으로 다른 나라에서는 크게 환영받지 못했으나 독일에서는 나치즘 형성과 성장에 영향을 주었다.

1918년 독일혁명으로 제국이 무너지고 탄생한 바이마르공화국은 여성 참정권, 노동권 등을 보장하며 민주주의를 발전시켰으나 민주적 원리에 따른 비례대표제가 군소정당을 난립하게 하는 약점도 지녔다. 히틀러는 1919년에 새로 생긴 독일노동자당에 가입했는데, 이 당은 일 년 뒤 국가사회주의독일노동자당Nationalsozialistische Deutsche Arbeiterpartei으로 개칭했다. 이 당명을 줄인 것이 나치Nazi인데 파시즘처럼 반자유주의, 반공산주의, 전체주의를 추구하며 인종주의와 반유대주의를 강하게 표방했다. 1921년에 당대표가 된 히틀러는 1923년 뮌헨에서 일으킨 쿠데타 실패로 감옥에 갇히자 《나의 투쟁》을 저술해 나치의 사상을 심화시켰다. 1926년에 처음 의회에 진출한 나치당은 대공황으로 인한 경제위기 속에서 대중의 지지를 받으며 1930년 선거에서 제2당, 1932년 선거에서는 제1당이 되었다. 히틀러는 1933년 총리로 임명되었고 의회 의사당 방화사건을 구실로 나치 일당독재 체제를 구축했다. 나치는 개인의 자유를 억누르고 언론과 교육을 통제했으며, 유대인에 대한 억압을 강화했으나 주택과 고속도로 건설 같은 공공사업 확대와 베르사유조약 파기 선언에 이은 군수공장 재가동 등으로 독일인들의 지지를 받았다.

프랑스에서는 대공황의 혼란 속에 세를 확산한 극우파가 의회민주주의를 공격했고 독일의 히틀러가 베르사유조약 파기를 선언하며 대내외로 파시즘의 위협이 대두했다. 이에 1920년 소련을 지지하며 사회당에서 분리되어 탄생한 프랑스공산당, 사회당, 급진공화당 세 정당이 연대한 인민전선협약이 체결되고 1936년 총선에서 승리해 인민전선 정부를 구성했다. 프랑스 인민전선 정부는 주 40시간 노동제, 연 2주 유급 휴가제 도입 등 사회개혁에 착수했으나 에스파냐내전 지원 문제로 정당 간 갈등이 생겨 2년 만에 무너졌다.

에스파냐에서는 1931년 선거로 왕정이 무너지고 공화정이 등장해 보수파가 정국을 이끌어갔다. 1936년 프랑스처럼 공산주의, 사회주의, 자유주의 세력이 인민전선을 구성해 선거에서 승리하자 군부가 쿠데타를 일으켜 정부군에 맞서며 에스파냐내전이 발발했다. 프랑코 장군의 쿠데타 세력은 왕당파와 지주층의 지지뿐 아니라 나치 독일과 파시스트 이탈리아의 지원을 받았다. 독일 공군기의 민간인 폭격은 피카소의 그림 〈게르니카〉를 통해 세상에 고발되었다. 인민전선 정부군은 공화주의자와 민주주의자, 좌파, 노동자의 지지를 받았고, 소련이 원조했다. 미국과 유럽 각지에서 온 의용군이 인민전선 정부군을 지원하기도 했으나 최종적으로 프랑코가 승리해 1970년대 중반 사망할 때까지 독재체제를 유지했다.

독일 팽창 절정기
(1941~1942 유럽 지도)

나치 독일 직할령	
독일 점령지	
독일 동맹국, 동맹 교전단체, 괴뢰국	
명목상 비점령지	
연합국 지역	
1941~41 소련 겨울공세 탈환지	
중립국	
합병 및 점령지 포함	

아이슬란드

페로 제도

핀란드 공화국

노르웨이
국가판무관부

스웨덴 왕국

소비에트 연방

영국

덴마크 왕국

소련 군정청

아일랜드

네덜란드
국가판무관부

독일국

우크라이나
국가판무관부

벨기에
북프랑스 군정청

프랑스
군정청

보헤미아
모라비아

슬로바키아

헝가리 왕국

루마니아 왕국

크로아티아
독립국

포르투갈

터키 공화국

에스파냐국

이탈리아
왕국

시리아
(자유 프랑스)

이라크

에스파냐령
모로코

(비시 프랑스)

키프로스

모로코

알제리

튀니지

나치 독일의 제2차 세계대전 초기 팽창

5. 제2차 세계대전

히틀러는 1935년 베르사유조약 파기를 선언하고 이듬해 중립지대인 라인란트에 독일군을 진주시켰다. 같은 해 에디오피아를 침략한 이탈리아는 독일과 추축국 협정을 맺었고 이후 일본이 가담해 독일-이탈리아-일본 추축국 동맹이 결성되었다. 독일은 1937년 국제연맹 감시 아래 있던 자르 지방을 합병하고 1938년에는 오스트리아를 합병한 후 오스트리아의 형식적 국민투표로 이를 정당화했다. 이어서 체코슬로바키아의 독일인 밀집지역인 주데텐란트를 합병했는데, 히틀러가 독일인의 생활권

Levensraum 보장을 주장해 영국과 프랑스가 뮌헨회담에서 이를 승인했고, 결국 체코슬로바키아 전체가 독일에 병합되었다. 히틀러는 1939년 스탈린과 독소불가침조약을 체결하고 폴란드를 침공해 제2차 세계대전을 일으켰다.

제2차 세계대전
폭격 후 런던

폴란드에 이어 독일은 덴마크와 노르웨이를 장악했는데, 영국이 이 두 나라를 이용해 독일에 대한 전략적 폭격을 할 수 없게 만들기 위해서였다. 이어서 나치는 네덜란드, 벨기에, 룩셈부르크를 차지하고 프랑스를 공격했다. 프랑스는 1940년 6월 항복하며 파리를 포함 영토의 5분의 3은 독일이 직접통치하고, 영토의 5분의 2에는 친독협력정부인 비시정부가 들어서도록 만들었다. 북아프리카에서는 이탈리아가 리비아를 장악하자 영국이 대응했고, 독일 기갑부대가 이탈리아 부대에 합류했다. 전쟁 발발 1년 만에 서유럽 전역을 장악한 히틀러는, 석유와 밀을 확보하기 위해 독소불가침조약을 어기고 1941년 6월 소련을 침략해 소련 내부 깊숙이 진격했다.

연합국은 1942년부터 반격에 나섰다. 소련은 1942년 여름부터 이듬해 봄까지 전개된 스탈린그라드 전투에서 승리했고, 이는 제2차 세계대전의 중요한 전환점이었다. 영국군과 미국은 북아프리카에서 1943년 봄에 독일군을 궤멸시켰다. 이어 시칠리아를 점령하고 남부 이탈리아에 상륙해 무솔리니를 실각시켰으며, 로마는 1944년 6월에 해방되었다. 북부 이탈리아로 도망친 무솔리니는 독일군의 도움을 받았으나 항독 저항 단체에 체포되어 1945년 4월 처형되었다. 서유럽에서는 연합군이 1944년 6월 6일 노르망디 상륙작전에 성공했고, 파리가 8월에 해방되었다. 1945년 봄 미국 중심의 연합국이 서쪽에서, 소련이 동쪽에서 독일로 진입해오자 히틀러가 자살하고 5월 8일 유럽 전쟁이 종결되었다.

제2차 세계대전
진주만 공격

일본은 1931년 만주사변과 1937년 중일전쟁에 이어 1941년 12월 하와이 진주만을 공격해 태평양전쟁을 일으켰다. 1942년 6월 미드웨이 해전에서 승리해 전쟁의 주도권을 잡은 미국은 1945년 8월 히로시마와 나가사키에 원자탄을 투하했고, 일본은 8월 15일 항복을 선언했다. 소련은 8월 8일 일본에 선전포고하고 만주로 진격해 한반도 북쪽을 차지했고, 남쪽을 차지한 미국과 함께 한반도를 분단시켰다. 소련의 태평양전쟁 참여는 1945년 2월 미국·영국·소련이 얄타회담에서 전후처리를 논의하면서 유럽전쟁 종결 3개월 내 소련의 태평양전쟁 참여를 합의했기 때문이었다.

제2차 세계대전은 막대한 인명 손실을 가져왔는데, 소련 2~3천만 명, 중국 1천 5백만~2천만 명, 독일 7~8백만 명, 폴란드 6백만 명이 사망했으며, 나치의 유대인 절멸정책으로 유대인 6백만 명이 강제수용소 가스실 학살 등 반인륜적 전쟁범죄로 희생되었다. 국제적으로 두 차례의 세계대전으로 유럽 열강들의 영향력이 감소했고, 새로 미국과 소련의 영향력이 증대되었다. 1945년 10월 새로 창설된 국제연합UN은 이전 국제연맹의 한계를 교훈삼아 국제협력과 평화유지를 위해 노력하고 있다.

얄타회담 수뇌들, 왼쪽부터 처칠, 루스벨트, 스탈린(위)
아우슈비츠의 유대인들(아래)

14장 전후의 새로운 질서

1. 냉전과 세계질서 변화

　제2차 세계대전에서 같은 편이었던 미국과 소련은 전후의 새로운 질서 구축에서 서로 충돌했다. 소련은 독소불가침조약을 어기고 자국을 침략한 독일을 몰아내면서 장악한 동유럽을 자본주의 국가들과의 완충지대로 남겨두길 원했다. 이에 따라 동유럽 각국에 친소 정부를 세우자 영국의 처칠W. Churchill은 소련이 동유럽에 '철의 장막'을 세우고 있다고 비판했다. 소련은 그리스에서 은밀하게 공산 게릴라를 지원했고, 터키에게는 다르다넬스해협의 공동 관리를 요구했다. 이를 공산주의 세력의 세계 팽창 야욕으로 판단한 미국 대통령 트루먼H.S Truman은 1947년에 그리스와 터키에 대한 경제 원조를 결정하며 공산 세력에 맞서 자유를 위해 싸우는 이들을 미국이 지원하겠다는 트루먼 독트린을 발표했다. 또한 국무장관 마셜G.C. Marshall의 이름을 딴 마셜 플랜으로 서유럽의 전후 경제 부흥을 위한 원조를 시작했다. 소련은 이런 움직임에 대응하기 위해 1947년 공산주의 국제조직인 코민포름을, 1949년에 공산주의 국가 상호 경제협력기구인 코메콘을 조직했다. 군사동맹으로는 1949년에 미국과 서유럽 국가들이 북대서양조약기구NATO를, 1955년 소련과 동유럽 국가들이 바르샤바 조약기구를 결성해 대결했다. 미국의 정치평론가 리프먼W. Lippmann이 1947년에 처음 사용한 용어인 '냉전Cold War'은 이렇게 미국과 소련을 중심으로 자유진영과 공산진영이 대결하는 새로운 세계질서를 만들어냈다.

한국전쟁은 냉전을 심화시켰고 집단안보체제의 중요성을 환기시켰다. 냉전기 두 진영의 전면전은 일어나지 않았으나, 아시아·아프리카·중남미 곳곳의 내전이나 무력충돌이 양 진영의 대리전 양상을 띠었다. 전면전이 발생하지 않은 것은 핵무기의 파괴력이 전쟁 억지력으로 작동했기 때문이다. 1945년 미국의 핵무기 사용 이후 4년 만에 소련이 원폭실험에 성공했고, 1952년에는 미국이, 이듬해에는 소련이 수소폭탄을 개발했다. 미·소 간의 경쟁은 우주에서도 치열했다. 소련이 미국보다 앞서 최초의 인공위성 스푸트니크Sputnik 발사1957, 최초의 유인우주선 발사1961에 성공하자, 미국은 항공우주국NASA을 창립1958해 1969년에 달 착륙에 성공했다.

스탈린 사망 이후 소련의 권력을 잡은 흐루쇼프N. Khrushchev가 1956년에

1969년 미국의 아폴로 11호 우주인이 달에 착륙한 모습

탈스탈린주의 표방하자 헝가리에서 반소 봉기가 일어났으나 무력으로 진압되었다. 1959년 쿠바혁명으로 친미정권을 몰아낸 쿠바에서는 1962년에 미사일 위기가 발생했다. 소련이 터키에 설치된 미국 미사일 기지에 대응하고자 쿠바에 미사일 기지를 건설하려 하자 미·소 간의 긴장이 절정에 달했으나, 미·소 정상이 쿠바의 미사일 기지 건설 포기와 터키 내 미국 미사일 철수를 합의했다. 쿠바 위기 해소는 긴장완화

베를린장벽의 잔해와 한국의 통일을 염원하며 세워진 통일정 ⓒRyuch 2018

를 뜻하는 데탕트로 이어져 미·소 간의 부분핵실험금지조약1963, 전략무
기제한협정1972, 1979이 체결되었다. 유럽통합 노력의 진전, 프랑스의 핵무장
이후 미·소와의 등거리외교, 서독의 동방정책을 통한 동유럽과의 관계 개
선, 중국의 핵무장과 중소 갈등 이후 국제무대에서의 영향력 증대 등도
미·소 중심의 양극 체제를 다극 체제로 바꾸어 놓았다.

　데탕트는 소련에서 1964년에 흐루쇼프를 실각시키고 권력을 잡은 보
수파 브레즈네프L. Brezhnev가 1979년 아프가니스탄을 침략하면서 끝났다.
1980년에 미국 대통령에 선출된 레이건은 소련을 '악의 제국'이라 부르며
강경노선을 추구했고, 소련이 핵미사일을 발사하면 대기 중에서 레이저
로 요격하겠다는 전략방위구상SDI을 발표하며 군비 확산을 통해 소련을
압박했다. 1980년 모스크바 올림픽과 1985년 LA올림픽은 미·소 두 진영
의 상호 보이콧으로 반쪽짜리 올림픽으로 치러졌다. 전후 세계질서를 이
데올로기에 따른 동서 진영 대결로 내몰았던 냉전은 1989년 베를린장벽
붕괴와 이듬해 동서독의 통일, 1991년 소련 해체로 종식되었다.

베를린장벽 그래피티

2. 중국혁명과 동아시아의 성장

중일전쟁이 종결된 후 국민당과 공산당은 중국의 평화를 원하는 국내 여론과 미국의 노력으로 1945년 8월 충칭에서 협상 회담을 개최했다. 합의에 따라 1946년 1월 국민당과 공산당 그리고 민주연합이 참가한 정치 협상회의가 개최되어 평화적인 중국 재건 준비에 들어갔으나, 국민당과 공산당의 대립이 심해져 각지에서 양당의 군사적 충돌이 끊이지 않았다. 1946년 3월 국민당이 공산당과의 모든 협상을 부정하고 국민당 일당 통치를 선포하자 양당은 다시 내전으로 치닫게 되었다. 처음에는 국민당 전력이 압도적이었으나 1946년 10월 중미우호조약으로 미국의 농공상품이 중국 시장을 강타하면서 미국과 국민당에 반대하는 여론이 확산되었다. 이에 반해 공산당은 농민에게 토지를 무상분배하며 지지 기반을 확대했다. 결국 여론을 등에 업은 공산당은 잇따른 전투에서 승리해 1949년 1월에 베이징으로 입성했고, 5월부터 장제스의 국민당 정부는 타이완으로 거점을 옮겼다. 9월에는 중화인민공화국의 모체가 되는 중국인민정치협상회의가 베이징에서 열렸다. 이 회의는 마오쩌둥毛澤東을 주석, 주더朱德를 부주석으로 선출했고, 10월1일 중화인민공화국의 성립을 선언했다. 1954년에는 중화인민공화국 헌법을 제정해 사회주의를 목표로 농업 집단화와 공업화를 국가의 대방침으로 삼았다.

중국은 토지개혁을 완수한 후 1952년 '제1차 경제개발 5개년 계획'을 발표해서 사회주의 건설을 위한 공업화와 국방 근대화 및 농업 집단화를 추진했다. 어느 정도 농업 집단화가 실현되자 중국은 소련과의 관계 악화를 계기로 독자적인 국가 건설을 모색했다. 이는 '급진적 사회주의 건설 총노선'으로 채택되어 대약진운동으로 구체화되었다. 대약진운동은 인민 대중을 크게 고무시켜 고도의 경제 발전을 달성할 목적으로 추진되었고, 이를 위해 농촌지역에 등장한 것이 '인민공사'였다. 경제 발전을 위해 공업에서는 철강 생산에 주력했으며, 농업에서는 치수 관개시설 등 대규모 수리 건설에 주력했다. 전국 각지에서 '토법고로土法古爐'라는 원시적 용광로를 사용해 대량의 철강을 생산했는데, 철강 전문가가 부재한 상태에서 원시적 방식으로 생산한 철강은 대부분 쓸모가 없었다. 그리고 대부분의 농민이 철강 생산과 수리 관개시설에 동원되어 농사일을 소홀히 함에 따라 농업 생산량이 감소해 갔다. 가뭄과 홍수 같은 자연재해까지 발생하자 대약진운동은 대량의 아사자를 낳는 참담한 결과를 낳았다.

대약진운동을 통해 급진적 사회주의 건설을 추진하던 중국은 1956년 소련의 스탈린 비판에 따른 자유화 물결이 중국에 미칠 것을 우려해 공산당 외 인사들에게 중국 공산당 및 정부에 대한 솔직한 비판을 요구했다. '백화제방百花齊放, 백가쟁명百家爭鳴'이라 지칭된 이 운동에서는 공산당 및 정부에 대한 비판이 봇물처럼 터져 나왔다. 이에 공산당은 사태를 수

습하려 반우파 투쟁에 나서 공산당
에 비판적인 당외 인사는 물론 많
은 지식인을 숙청했다. 한편 국가
주석에서 물러난 마오쩌둥은 공산
당 지도부가 중국을 수정주의 노선
으로 후퇴시키는 게 아닌가 하는

1966년 문화대혁명 당시 베이징 천안문 광장 집회

위기감 속에서 권력 재탈환을 시도했고, 이 과정에서 '프롤레타리아 문
화대혁명'이라는 정치변혁운동이 일어났다. 문화대혁명은 홍위병과 노동
자 등 수많은 인민대중을 끌어들인 새로운 양상의 권력투쟁이자 사상·문
화·풍속·습관 등 4분야의 옛것에 대한 타파를 목표로 하는 정치·사회·문
화의 일대 변혁 운동으로 1976년 마오쩌둥이 사망할 때까지 계속되었다.

 일본은 미군정 아래에서 1946년에 의원내각제와 평화주의 원칙에 따른
군대 미보유를 특징으로 하는 '평화헌법'을 제정했다. 한국전쟁이 발발하
자 미국의 병참기지로 경제호황을 누렸으며 1952년 샌프란시스코조약으
로 미군정을 끝내고 주권을 회복했다. 일본은 안보를 미국에 의존하면서
경제성장에 주력했고 1964년 도쿄올림픽을 통해 자신감을 회복했으며,
1970년대까지 고도성장을 이루어 세계적 경제대국이 되었다. 한국전쟁의
참화를 딛고 일어선 한국은 1960년 4.19혁명으로 민주주의를 신장하는
계기를 마련했으나 이듬해에 일어난 5.16군사쿠데타가 이를 저해했다. 대
신 권위주의 개발독재 시기의 경제개발계획과 수출 중심 성장 전략, 그리
고 한국인의 집단적 노력으로 산업화에 성공하며 빠른 경제 성장을 이루
었다. 1979년 12.12쿠데타로 군부정권은 지속되었으나 1980년 광주민주화
운동과 1987년 정점에 도달한 학생과 노동자 농민의 민주화운동으로 민

주화에 성공했다.

3. 제3세계의 등장과 유럽통합의 진전

　양차 세계대전을 통해서 제국주의 열강들이 쇠락하면서 탈식민화 혹은 식민지 해방운동이 본격화되었다. 열강은 세계대전 기간 자신을 돕는 식민지에 자치나 독립 보장을 약속하기도 했고, 쇠락한 국력으로 더 이상 식민지를 운영할 여력도 없었으며, 역사·문화 전통이 강한 식민지에서는 오랜 민족해방 투쟁이 전개되어 왔었다. 아시아에서는 미국으로부터 필리핀1946, 영국으로부터 인도와 파키스탄1947, 스리랑카와 버마1948가 독립했고, 네덜란드로부터 인도네시아도 독립했다1949. 영국으로부터의 탈식민화 과정에서 공산 세력과 내전이 발생한 말레이시아도 독립했는데1957, 인도차이나는 프랑스와의 전쟁에서 승리하며 캄보디아와 라오스가 독립하고, 베트남은 공산 북베트남과 친서방 남베트남으로 분단되어 독립1956했다.

　아프리카에서는 프랑스와의 협상을 통해 모로코1956, 튀니지1957, 카메룬과 세네갈 등 사하라 사막 남쪽 14개국이 독립했으나1960, 1830년에 식민지가 되어 백인 정착민이 많았던 알제리는 프랑스와의 전쟁을 통해 독립했다1962. 알제리 전쟁은 전후에 수립된 프랑스 제4공화국을 몰락시켰고 1958년에 프랑스 제5공화국의 탄생과 드골Charles de Gaulle의 집권에 영향을 주었다. 영국의 식민지도 협상을 통해 가나1957, 탄자니아1964, 감비아1965 등이 독립했고, 케냐는 무장투쟁을 전개해 독립1963했다. 벨기에도 콩고독립1960을 승인했고, 포르투갈의 식민지 앙골라와 모잠비크는 포르투갈

알제리 전쟁

에서 군부독재를 종식시킨 시민혁명이 발생한 이듬해에 독립1975을 달성했다.

국제무대에 새로 등장한 아시아와 아프리카의 신생 독립국들은 프랑스 경제학자 소비A. Sauvy에 의해 '제3세계'로 지칭되었다. 1955년 인도네시아 반둥에서 열린 아시아아프리카 연대회의, 이른바 반둥회의에 참가한 29개국은 냉전질서 아래에서 미국과 소련 어느 편에도 서지 않겠다며 비동맹운동을 탄생시키며, 아시아·아프리카의 상호협력 네트워크 구축을 시도했다. 참여 국가들은 비록 비동맹을 표방했지만 줄곧 반제국주의, 반식민주의를 표방한 소련에 우호적이었고, 미국과 서방의 원조도 마다하지 않았다. 비동맹운동은 초창기 냉전 해체와 동서 긴장완화를 주장하며 국제무대에서 일정한 영향력을 발휘했고, 이후에는 선진국과 개발도상국의 경제 격차를 뜻하는 남북문제 해결을 강조했다.

세계대전을 치르며 열강의 지위를 상실한 서유럽 국가들은 평화와 공존을 위해 유럽통합운동을 전개했다. 프랑스는 서독과 석탄 및 철강의 공동 관리를 통한 경제협력을 제안해 1951년 프랑스·서독·이탈리아·벨기에·네덜란드·룩셈부르크 6개국이 유럽석탄철강공동체ECSC를 구성했다. 이듬해 6개국의 유럽방위공동체 구성은 이를 제안한 프랑스 내부의 반대로 실패했으나, 1957년 로마조약으로 6개국의 유럽경제공동체EEC와 유럽원자력공동체EURATOM를 탄생시켰다. 영국은 1960년에 북유럽과 남유럽 일부 국가들을 규합해 유럽자유무역연합을 조직했으나 실패했다. 이듬해 영국은 유럽경제공동체에 가입 신청을 했는데, 프랑스가 영국을 통해 미국의 영향력이 강해질 것을 우려해 거부했다. 유럽석탄철강공동체, 유럽원자력공동체, 유럽경제공동체는 1967년에 유럽공동체EC로 통합되었고 이후 영국, 덴마크, 아일랜드의 가입1973, 그리스1981, 에스파냐와 포르투갈1986 가입이 승인되었다. 1992년에는 마스트리히조약으로 유럽공동체를 유럽연합EU으로 확대하며 경제통합과 공동외교안보 및 내무사법협력을 통한 정치통합을 추구했다. 1995년 솅겐협정은 역내 자유이동을 보장했고, 1999년에 단일화폐인 유로화가 탄생했다. 1990년대와 2000년대 북유럽과 동유럽 국가들이 가입해 2013년에는 회원국이 28개국에 달했다. 유럽연합은 회원국의 다양성과 유럽적 정체성의 조화 속에서 공존 발전을 모색했다.

미국 인권운동(직업과 자유를 위한 워싱턴 행진, 1963년 8월)

4. '68운동'과 신사회운동

전후 세계 제1의 경제대국이 된 미국에서는 인종 문제가 사회갈등을 야기했다. 흑인은 19세기 중반 남북전쟁으로 노예제가 폐지되고 시민으로 인정받았지만, 남부 주들에서는 일상생활에서 흑백 분리가 일반적이었다. 일상의 차별에 대한 저항은 1955년 앨라배마주 몽고메리에서 로자 파크스Rosa Parks가 버스 내 흑백 좌석 분리를 어겨 체포된 사건으로 크게 확산되었다. 몽고메리의 침례교회 목사인 마틴 루터 킹Martin Luther King Jr.은 유색인의 조직적 평화적 민권운동을 주도했고, 1963년 노예제 폐지 100주년을 기념하는 워싱턴DC 대규모 시위에서 '나에게는 꿈이 있습니다'라는 연설로 인종 간 화합을 호소했다. 이듬해 제정된 민권법은 일상의 인종 분리를 종식시켰다.

민권운동을 지지하던 학생들은 1960년 민주사회를 위한 학생연맹SDS을 결성해 조직적인 학생운동을 펼쳤다. 학생들은 대학 내 자유로운 정치사

미국의 북베트남 폭격(왼쪽), 미 국무성 앞 1967년 베트남전 반대 시위(오른쪽)

회문제 토론과 선전을 보장하라는 언론자유운동과 비판대학 건설운동을 벌이기도 했지만 가장 적극적으로 참여한 것은 베트남전쟁에 반대하는 반전운동이었다. 1956년 분단되어 독립한 베트남에서는 남북베트남 간에 지엽적 충돌이 계속되었다. 남베트남을 후원한 미국은 1964년 미국 함정이 공해상에서 북베트남의 공격을 받았다는 통킹만 조작사건을 통해 전쟁의 확대를 결정하고 이듬해 북베트남을 폭격하며 베트남전쟁을 확전시켰다. TV보도를 통해 참상이 알려진 베트남전쟁에 대한 반대는 미국뿐 아니라 유럽에서도 거셌다. 영국의 수학자이자 철학자 러셀B. Russell은 프랑스 철학자 사르트르J.P Sartre등 세계 각지의 지식인과 평화운동가들을 모아 베트남에서의 미군 전쟁범죄를 규탄하는 러셀시민법정을 1967년에 개최했다. 미국에서 40세의 젊은 나이로 1960년 대통령에 선출된 케네디가 1963년에 암살되자 대통령직을 계승한 존슨L.B. Johnson은 1964년 대선에서 승리했으나 베트남전쟁 반대 여론이 커지자 1968년 재선을 포기했다. 이 선거에서 대통령에 선출된 닉슨R. Nixon은 베트남에서 미군을 점진적으로 철수시켰고 1973년 베트남전쟁을 종결시켰다.

1968년은 세계 곳곳에서 기성세대의 권위주의에 저항하는 청년학생들의 혁명적 움직임이 활발하게 표출되었다. 미국에서는 마틴 루터 킹이 암살당하자 청년학생들의 보수적 기존질서에 대한 반감은 반전운동이 절정에 도달했다. 학생들의 대학 민주화 요구와 실험대학 건설, 반전운동은 서독, 이탈리아, 일본에서도 동시다발적으로 펼쳐졌다. 보수적 정치세력 뿐 아니라 권위주의에 물든 공산당이나 다양한 사회적 요구를 제대로 수용하지 못한 사회당도 비판하고 조롱하며, 일상의 민주주의,

68운동 당시 파리 거리의 낙서
"금지하는 것을 금지한다."

다양성의 존중, 노동자 자주관리 등을 표방한 프랑스의 혁명적 상황은 68년의 대명사가 되었다. 권위주의 기성질서에 반대한 학생들이 5월 초 대학을 점거하여 공권력이 이를 물리적으로 진압하자 대학 주변 거리들에서 바리게이트 투쟁이 펼쳐졌고, 노동자들이 학생과의 연대를 표방하며 총파업에 나섰다. '상상력에 권력을!', '금지하는 것을 금지한다' 같은 그래피티 낙서는 축제와도 같은 저항을 상징했다. 임시정부 수립 논의까지 나온 혁명적 상황은 의회 해산에 따른 6월 총선에서 드골파가 승리하면서 진정되었다. 동유럽에서도 청년학생들의 저항이 발생했다. 특히 체코슬로바키아에서는 개혁적 사회주의 정파가 집권해 탈스탈린주의를 표방하고 '인간의 얼굴을 한 사회주의'를 표방했다. 하지만 이 같은 '프라하의 봄'은 소련군에게 진압되었다.

세계 각지에서의 '68운동'은 당장의 정치 변화를 이끌어내지 못했기에 정치적으로는 실패했으나 사회·문화적으로는 성공했다는 평가를 받는다. 68세대들이 이후 일상생활에서 민주주의를 확대시켰기 때문이다. 68년 이전 사회운동이 전통 좌파정당이나 노동조합의 활동과 연계하며 정치문제와 경제문제에 치중했다면, 68년 이후 신사회운동은 환경운동, 평화운동, 페미니즘운동, 소수자권리운동처럼 일상생활을 보다 민주적으로 바꾸어가려는 사회문화 운동이었다. 68세대는 그린피스, 국경없는 의사회 등 다양한 비정부단체NGO를 설립하고 참여하면서 개별 국가의 문제를 넘어서는 환경, 인권 같은 지구촌의 지속가능한 미래를 위한 활동에도 적극 참여했다.

페미니즘은 남성 중심 가부장적 질서에서 오랫동안 억눌렸던 여성의 권리를 신장시켰다. 19세기 말 중산층 부르주아 여성들의 참정권 운동이 제

프라하의 봄   페미니즘 운동

1세대 페미니즘이었는데, 양차 세계대전 전후로 많은 나라들이 여성참정권을 보장하는 데 기여했다. 프랑스 철학자 보부아르Simone de Beauvoir가 1949년 출간한 《제2의 성》은 여성성이 타고나는 것이 아니라 사회화과정에서 만들어지는 것이라 주장했다. 미국에서 1963년에 출간된 프리던Betty Friedan의 《여성의 신비》는 대학교육을 받은 여성들이 결혼 후 주부로서 삶을 살며 쌓인 사회·정치적 불만과 욕구를 잘 보여주었고, 전후 제2세대 페미니즘의 성장에 크게 기여했다. 프리던은 전미여성기구NOW를 조직해 여권 신장을 위한 활발한 활동을 펼쳤다. 1970~1980년대 서양 각국은 낙태 합법화, 남녀동일임금 보장, 부부공동재산제 등을 제도화하며 양성평등사회를 지향했다. 네트워크화된 세계에서 페미니즘은 20세기 말에 미국이나 유럽 이외 지역으로도 빠르게 확산되어 지구적 차원에서 여성의 권리 신장과 양성평등 구현에 이바지했다. 여성의 사회 활동을 강하게 통제했던 중동 지역에서도 여성 권리가 조금씩 신장되어 갔다.

전후 베이비붐 시기에 태어난 이들은 청년세대가 되어 공동의 문화를 향유했다. 자본주의 고도성장 시기 물질적 풍요로움 속에서 자라난 이들은 영미 대중문화의 영향을 많이 받았다. 헐리우드의 영화와 미국 드라마는 전후 세계에 대한 미국의 문화적 영향력을 크게 증대시켰다. 1950~1960년대 엘비스 프레슬리, 비틀즈의 노래들은 십대와 이십대를 하나로 묶어주는 공통분모였다. 보수적·권위적 기성질서에 대한 대항문화이자 대안문화를 추구한 청년세대들 중 일부는 기성 제도와 가치관을 부정하고 자연으로의 회귀를 추구하며 탈사회적 행동을 하는 히피족이 되기도 했다. 이런 문화 흐름 속에서 명상과 요가, 선 같은 동양문화가 서양에 확산되기도 했다. 타문화에 대한 관심은 점차 서구 중심주의를 완화시키고 문화 상대주의를 증가시키는 데 기여했다. 이는 네트워크화 된 세계에서 근대 이래로 다소 일방향이던 문화 전파 흐름을 쌍방향으로 변모하게 만들었다.

15장 지구화와 지구촌의 미래

1. 자유무역 체제와 수정자본주의 복지국가

대공황은 나치즘이나 일본 군국주의 팽창을 야기하며 제2차 세계대전의 주요 원인이 되었다. 따라서 다시는 대공황이 일어나서는 안 된다는 생각이 확산되었다. 이에 제2차 세계대전 막바지이던 1944년 미국 브레튼우즈에서는 미국이 주도한 연합국 통화금융회의가 개최되어 전후 세계경제 운영의 기준을 마련했다. 각국에 필요한 외화를 공급하는 국제통화기금IMF과 전후 경제부흥과 개발에 필요한 자금 지원을 위한 국제부흥개발은행IBRD을 산하에 둔 세계은행World Bank 설립, 미국 달러를 기축통화로 하는 금본위제, 고정환율제 적용, 관세무역일반협정GATT 채택 등을 주요 내용으로 히는 브레튼우즈 체제를 구축한 것이다. 1947년에 시작된 GATT는 모든 회원국에 최혜국 대우를 규정해 다자간 교역에서 차별을 금지하며 자유무역의 원칙을 확립했다. 미국은 자유무역을 통한 경제성장이 미국 중심의 자본주의와 민주주의를 세계적으로 발전시킬 것이라 판단했다.

세계경제는 1970년대 초에 위기에 직면하기 전까지 고도성장했다. 여기에는 브레튼우즈 체제뿐 아니라 전후에 등장한 수정자본주의 복지국가 체제가 크게 기여했다. 미국은 뉴딜을 통해 19세기의 자유방임주의에서 벗어나 거시 경제에 국가가 일부분 개입하는 수정자본주의를 등장시켰다. 서유럽 국가들도 대공황을 거치며 19세기 말 20세기 초에 등장했던 사회보험 체제를 보다 확대했고, 경제에 대한 관리와 통제가 가능했던 전시경제의 경험을 바탕으로 전후에 사회보장 복지국가 체제를 구축했다. 뉴딜에 영향을 준 케인즈의 경제사상은 수정자본주의 복지국가의 기초가 되었다.

영국에서 1942년에 나온 베버리지Beveridge 보고서는 모든 국민을 대상으로 하는 건강보험, 실업보험, 국민연금 제도 정비를 구상했다. 1945년 영국 총선에서는 전쟁을 승리로 이끈 처칠의 보수당이 패배하고 노동당이 승리했다. 노동당의 애틀리C. R. Attlee 정부는 1946년 국민보험법 제정 이후 점진적으로 '요람에서 무덤까지'의 사회보장 제도를 확립했고 잉글랜드은행, 석탄, 철강, 전기, 가스 산업 등을 국유화했다. 프랑스도 1944년 나치로부터 해방되자마자 임시정부 내에 사회보장부를 조직했고, 프랑스은행, 항공, 가스, 전기, 보험 산업 등이 국유화했다. 1946년 프랑스 제4공화국이 수립된 이듬해부터는 사회보장 법률들이 제정되어 복지국가 체제를 확립했다. 기간산업 국유화와 국가의 시장경제에 대한 일정한 개입, 사회보장 제도는 영국과 프랑스뿐 아니라 서유럽에서 일반화되었다. 스칸디나비아 국가들은 보편적 평등주의 복지국가의 모델이 되었다. 복지국가 체제에서 교육, 의료, 노년에 대한 개개인의 부담이 줄어들거나 사라지면서 삶의 질을 추구가 부각되었다. 이로 인해 소비재산업이 활성화되어 경제성장의 주요 원동력이 되었다.

전후부터 70년대 초까지 30년 내내 고도성장을 보인 프랑스는 이 시기를 '영광의 30년'이란 지칭했고, 서독은 '라인강의 기적'을 이루었다. 프랑스는 경제성장에 필요했던 노동력을 확보하기 위해 과거 북아프리카 식민지 출신을 노동 이민자로 받아들였다. 영국도 과거 식민지 출신 노동 이민을 수용했다. 서독은 '초청 노동자' 제도를 운영했는데, 한국의 광부들과 간호사들이 포함되었다. 상품과 자본의 이동 뿐 아니라 인력의 자유로운 이동은 세계 경제의 네트워크를 더욱 강화시켰다.

2. 신자유주의의 도래

전후 복지국가 체제는 과도한 재정 지출로 인해 1970년대 초에 위기에 봉착했는데, 1973년 석유파동은 경제 위기를 더욱 심화시켰다. 중동에서는 1948년 건국한 이스라엘과 주변 아랍국가 간의 지역 분쟁이 되풀이되었는데 1973년 제4차 중동전쟁이 발발하자 중동 산유국들이 석유 가격 인상과 생산 감축을 결정했다. 산업용과 일반용 에너지 비용의 갑작스런 증가는 중동산 석유를 수입해오던 세계 각국에 커다란 경제적 타격을 주었는데, 석유파동은 1978년에 이슬람혁명에 성공한 이란의 주도로 한 차례 더 발생했다. 안정적 원유 수출입을 원한 많은 국가들의 유조선 확보 노력과 오일 머니에 의한 중동 건설 붐은 한국에 조선업과 건설업 호황을 안겨주었다.

냉전기 자유진영에 속한 아시아 신흥국들을 지원한 미국은 지속적으로 무역수지가 악화되었다. 무역수지가 적자로 바뀐 1971년 미국은 달러의 금 태환을 정지해 금본위제를 폐지했고, 관세를 인상했다. 아울러 1973년 주요국이 달러를 기준으로 하던 고정환율제를 포기해 브레튼우즈 체

2011년 뮌헨 보안 컨퍼런스에 대한 시위에서의
자율주의 그룹 ©Usien, 위키피디아
신자유주의 시대 유럽에서 일어난
새로운 자율주의 저항운동

제가 변화했다. 이에 보호무역이 강화되고 자유무역의 질서도 위협받았
다. GATT는 1970년대 다자간 무역협상 도쿄라운드1973~1979를 통해 공산
품 관세 인하와 비관세 장벽 제거, 수출 지원 정책 기준 마련을 결정해 무
역자유화를 확대했다. 또한 1980~1990년대 우루과이 라운드를 통해 농
업보조금 축소, 서비스시장 개방을 합의하고 GATT의 세계무역기구WTO
로의 확대 개편을 결정했다.

　1970년대부터는 수정자본주의적 복지국가 체제에 대한 변화의 움직임
도 나타났다. 국가의 경제 개입을 줄이고 시장의 자율성을 극대화하며
재정 적자를 낳는 사회복지를 축소하는 신자유주의 경제사상이 대두된
것이다. 국가의 시장에 대한 작은 규제나 개입도 점차 확대되어 경제적
자유를 억누르는 굴종의 길로 나아가는 것이라고 주장한 오스트리아 출
신 경제학자 하이에크F. Hayek는 영국 보수당의 경제정책에, 케인즈주의를
비판하고 시장의 자율성과 효율성을 중시한 시카고학파의 경제이론은
미국 공화당의 경제정책에 커다란 영향을 미쳤다.

영국 노동당은 애틀리 정부 이후 1964년과 1974년에 집권하며 경기침체와 재정 적자에도 사회보장 체제를 중시하며 생산성 낮은 국유기업들을 유지했다. 또한 노동조합을 옹호해 석유파동 이후의 경제위기 상황에서 발생한 석탄노조 파업과 공공부문 파업에 제대로 대응하지 못했다. 과도한 복지비용과 친노동정책이라는 '영국병'의 위기는 1979년 보수당의 대처M. Thatcher가 수상이 되어 추진한 대처리즘으로 극복되었다. 1990년까지 수상직을 유지한 대처는 공기업 민영화, 정부 재정 지출 삭감으로 복지 후퇴, 각종 규제 완화와 경쟁 촉진, 노동시장 유연화로 노동조합 약화 등을 통해 영국 경제를 회복시켰다. 미국에서는 1980년 대선에서 승리한 공화당의 레이건이 1988년까지 집권하면서 레이거노믹스를 통해 연방정부 지출의 축소, 소득세 인하, 정부 규제 완화로 신자유주의를 확산시켰다. 신자유주의는 1970년대 이래 경제 침체를 극복하는 데 기여했으나, 공공부문 투자와 복지 축소로 사회적 양극화가 심화되었다. 게다가 레이건은 소련과의 대결을 확대하며 친소련 성향의 중남미 국가나 반군에 대한 미국의 무력 개입을 확대했고 간섭을 강화했다.

중남미 여러 나라는 제2차 세계대전 이후 국가 주도 관리경제 체제를 강화했다. 특히 수입대체산업화 전략을 통해 경제의 대외 의존도를 완화하고 자립적 경제 성장을 통해 저발전을 극복하려 노력했다. 중남미의 국가 주도 관리경제는 어느 정도 효과를 거두기도 했으나 국가 부채가 빠르게 증가해 1970년대와 1980년대 여러 나라가 외채 상환 위기에 빠졌다. 이 위기를 극복하기 위해 중남미는 IMF와 세계은행 그리고 미국의 지원을 요청했고, 1989년 미국은 '워싱턴합의'로 알려진 지원 조건을 마련했다. 공기업의 민영화, 정부 규제 축소와 균형재정 유지, 시장개방과 무역

자유화 등이 그것이다. 1990년대와 2000년대 중남미 일부 국가에서 신자유주의 세계화 흐름에 반대하는 무장 저항 단체들이 활동하고, 선거를 통해 좌파 정부가 들어서기도 했지만, 경제의 신자유주의 세계화는 중남미에서도 수용되었다.

영국과 미국이 신자유주의를 도입할 당시 프랑스는 1981년에 사회당 미테랑 대통령이 선출되어 14년 동안 집권하면서 신자유주의가 상대적으로 서서히 수용되었다. 이후 우파가 집권하며 본격적인 신자유주의 정책을 추진하자 정당들과 노동운동, 시민사회운동 세력이 신자유주의에 반대하며 대안지구화운동을 주도했지만, 국유기업의 점진적 민영화를 막지는 못했다. 신자유주의는 프랑스를 비롯해 사회민주주의 전통이 강한 북유럽에서도 서서히 자리를 잡아나갔다.

아시아에서는 중국이 1970년대 말부터 개혁개방 정책을 통해 빠르게 자본주의 경제를 수용하고 발전시키며 지구화의 흐름에 합류했다. 마오쩌둥의 사망1976 이후 실권을 잡은 덩샤오핑은 '실사구시實事求是' 속에서 새로운 시대로의 변혁을 추구했다. 그는 '가난한 것은 사회주의가 아니다'라는 원칙하에 '개혁개방' 정책을 선포했다. 개혁정책은 농업 면에서 시작되어 인민공사를 해체하고 각 농가에 생산량을 할당하는 호별생산책임제를 도입해 생산력의 제고를 도모했다. 농촌공업화를 위해서는 향진기업鄕鎭企業이 장려되었고, 농민의 잉여 자금 및 잉여 노동을 흡수하면서 급속하게 발전해 나갔다. 농촌의 경제개혁 성공을 바탕으로 착수된 도시의 공업개혁으로 정치와 기업을 분리하고 수요와 공급에 입각한 시장경제를 도입했다. 이러한 개혁정책으로 중국 경제는 전례 없이 활성화되었으며, 서구의 선진 기술 및 외자 유치를 위해 대외적으로 문호도 개방했다.

벨벳혁명(1989, 프라하) 또는 신사혁명은 체코슬로바키아에서 일어난 비폭력 혁명으로 공산당 정권이 무너짐

1980년 5월에는 광둥성의 선전深圳 등지에 경제특구를 설치해서 혁신적 경제 체제를 도입했다. 1989년 천안문 사건처럼 학생들의 민주화 요구가 발생하기도 했지만, 공산당이 사회 전반을 효과적으로 관리·통제하고 있다. 중국은 경제 성장을 바탕으로 영국으로부터 1997년에는 홍콩을, 포르투갈로부터 1999년에 마카오를 돌려받았다. 중국은 2001년에 세계무역기구WTO에 가입했고, 2010년대에 들어서는 미국과 세계경제를 이끌어가는 G2 초강대국의 반열에 올라섰다.

전후 빠른 경제 성장으로 경제대국으로 성장한 일본은 1980년대 거품경제에 직면했다. 비정상적인 부동산과 주식 가치 상승이 10여 년 지속되었다가 진정된 1990년대 중반 이래 장기 경제 침체에 빠졌다. 한국은 1987년 민주화운동에 의한 군부 독재 종식 이후 내수시장이 커지며 대외 수출확대와 더불어 빠른 경제 성장을 보였다. 1990년대 중반 외환위기를 겪었으나 위기를 빠르게 극복했고, 기술혁신과 문화산업으로 세계적 영향력이 증가하고 있다. 베트남은 1980년대 중반 개혁개방을 뜻하는 '도이 머이' 정책을 채택해 빠르게 경제를 성장시키고 있다.

3. 냉전 종식과 지구화의 진전

중국과 베트남은 개혁개방에 성공해 공산당이 군과 정치행정을 통제하면서도 경제는 자본주의를 도입해 발전하고 있으나, 소련과 동유럽 사회주의 국가들은 1980년대 말과 1990년대 초에 기존 체제가 무너지고 민주화를 이룬 이후 지구화의 흐름에 합류했다. 현실사회주의의 몰락은 소련의 변화로부터 시작되었다. 소련에서 보수적 브레즈네프가 사망하고 몇년 뒤인 1985년 공산당 서기장에 취임한 고르바초프M. Gorbachev는 개혁을 뜻하는 페레스트로이카Perestroika와 개방을 뜻하는 글라스노스트Glasnost 정책을 추진했다. 경제에는 시장 제도를 도입해 경제적 자유를 보장했고, 정치에서는 민주적 선거제와 다당제를 도입해 공산당의 권력 독점을 포기했다. 대외정책에서는 신사고를 표방하며 서방과의 평화공존을 강조하면서 아프가니스탄에서 소련군을 철수시켰고, 동유럽 사회주의 국가에 대한 통제도 포기했다.

소련의 이 같은 변화는 즉각적으로 동유럽 현실 사회주의 국가의 몰락으로 이어져 동유럽 각국이 민주주의와 시장경제 체제로 변화했다. 1989년 봄부터 겨울까지 헝가리, 폴란드, 동독, 체코슬로바키아, 루마니아에서 평화적으로 혹은 시민저항을 통해 공산당 독재가 무너졌다. 이런 일련의 변화를 상징한 것은 TV로 전세계에 중계된 동서 베를린 주민들의 장

뉴욕 9.11 메모리얼, 세계무역센터 테러 희생자를 기리기 위한 추모공간

파리 테러 희생자 추모(2015)　　　　　　지중해의 시리아와 이라크 난민 보트(2015)

벽 허물기였다. 서독과 동독은 이듬해인 1990년에 재통일했다.

　소련 역시 격변을 비켜 갈 수 없었다. 제2차 세계대전 기간에 소련에 편입된 발트해의 라트비아, 리투아니아, 에스토니아의 독립 요구 시위에 이어 소련을 구성하는 내부의 여러 공화국에서 독립 요구가 거세게 일어났고, 1991년 소련은 발트해 삼국의 독립을 승인했다. 고르바초프 등장 이래 진행된 일련의 변화로 냉전 질서 아래에서 미국과 더불어 세계적 강국으로 군림하던 소련의 위상이 추락한 것에 반감을 가진 보수파는 1991년 8월 쿠데타를 일으켜 고르바초프를 연금시키기도 했다. 그러나 같은 해 6월에 민주적 선거로 러시아 공화국 대통령에 선출된 옐친과 시민들의 저항으로 쿠데타에 실패했다. 하지만 이미 고르바초프는 소련 내부 공화국들의 분리 독립 움직임을 통제하기 어려웠고 12월 소련의 공식 해체와 함께 정계에서 은퇴했다. 해체된 소련은 독립적 10개 공화국이 연합한 독립국가연합으로 변했는데, 러시아 공화국의 주도적 위상으로 1992년 러시아연방으로 국가 명칭을 확정했다.

　냉전의 한 축이었던 소련이 해체되면서 냉전은 종식되었는데, 1991년 유엔 회원국으로 동시에 가입한 남북한만이 냉전 질서가 낳은 이데올로기

아프가니스탄 전쟁   이라크 전쟁

적 갈등을 해소하지 못하고 있다. 1990년대 체제 이행기의 혼란을 극복한 소련과 동유럽 국가들이 자본주의 시장경제 체제에 적응해 가면서 지구화는 더욱 진전했다. 1980년대부터 미국에서 자주 사용되기 시작한 지구화란 용어는 애초 세계가 하나의 시장으로 통합되어가는 경제적 현상을 의미했다. 하지만 냉전의 해체 이후 세계적 경제통합 흐름에 조응하는 정치·사회·문화 전반에 걸친 변화를 뜻하게 되었다. 지구화는 전 세계적으로 경제 규모의 확장을 가져왔지만 그 혜택이 모두에게 돌아간 것은 아니었다. 선진국과 그 외 국가들 간에 경제 격차, 특정 국가 내에서도 소수의 부유층과 다수의 빈곤층의 양극화가 심화되었기에 대안지구화의 목소리가 커지고 있다.

　냉전이 해체된 이후 세계는 새롭게 테러 위험에 직면하고 있다. 테러리스트들이 2001년 민간 비행기를 장악해 뉴욕의 세계무역센터에 충돌하는 충격적 스펙터클을 연출한 9.11테러는 냉전 종식 이후 미국이 주도하는 일방적인 국제질서에 대한 반감이 한 원인으로 지적되었다. 미국은 9.11 이후 테러와의 전쟁을 선포해 아프가니스탄 전쟁을 일으키고, 2003년에는 이라크가 대량살상무기를 제조한다는 구실로 이라크 전쟁을 일으켰다. 이슬람 극단주의 세력은 각지에서 테러를 자행해 세계적인 공분을 사고 있다.

4. 지구촌의 지속가능한 미래를 위한 노력

현실 사회주의 국가가 붕괴하면서 과거 유고슬로비아 연방에서는 슬로베니아 전쟁, 크로아티아 전쟁, 보스니아 전쟁, 코소보 전쟁 등 내전이 1990년대 내내 지속되었고, 이로 인해 많은 난민이 발생했다. 2000년대부터는 테러와의 전쟁 여파로 중동 지역 곳곳에서 난민이 발생했다. 분쟁지역에서 정치 박해를 피하려는 난민 외에도 경제적 기회를 얻으려는 이들의 아프리카와 중동 지역에서 유럽으로의 불법 이주, 중남미에서 미국으로의 불법 이주가 끊이지 않고 있다. 난민 문제는 여러 나라에서 극우 정파를 성장시키고, 사회 갈등을 양산하기도 했다. 영국은 2016년 국민투표로 유럽연합에서 탈퇴를 결정했는데 이 같은 브렉시트Brexit의 한 원인으로 유럽연합 차원의 난민 수용이나 분담금 제공 압박이 지적되기도 한다. 하지만 지구화 시대에 자유로운 이주와 이동은 막을 수 없는 현상이며, 난민 문제 역시 보편적 인권 보호 차원에서 해결책이 모색되고 있다.

20세기 후반 지구촌 차원의 보편적 문제들이 개별 국가나 지역 차원을 넘어선 글로벌 이슈로 대두되었다. 전후 창립된 국제연합UN은 1948년에 세계인권선언을 채택해 인간의 존엄과 가치보장을 강조했는데, 이는 국제관습법으로 인정받고 있다. UN 산하기구와 전문기구 역시 경제, 사회, 문화, 교육, 보건 등의 분야에서 인류의 보편적 문제들을 다루며 국제 규범을 만들어 냈다. 유엔은 2015년에 지속가능 발전목표Sustainable Development

멕시코만 기름 유출

Goals: SDGs를 설정해 인류 문명의 지속가능한 발전이라는 공동목표를 달성하기 위해 다음과 같은 17개 주요 목표를 제시했다.

빈곤 퇴치, 기아 종식, 건강과 웰빙, 양질의 교육, 양성평등, 물과 위생, 깨끗한 에너지, 양질의 일자리와 경제 성장, 산업 혁신과 사회기반시설, 불평등 완화, 지속가능한 도시와 공동체, 책임감 있는 소비와 생산, 기후변화 대응, 해양 생태계 보존, 육상 생태계 보호, 평화와 정의, 지속가능한 발전을 위한 협력.

유엔 지속가능 발전목표 가운데 특히 시급한 것은 생태계 보호와 기후

지구 온난화로 얼음이 빨리 녹자 먹이를 찾아 이동하지 못한 채 굶주리고 있는 북극곰

변화에 대한 대응이다. 1962년에 출간된 카슨R. Carson의《침묵의 봄》은 살충제나 제초제의 유독물질이 생태계에 미친 부정적 영향을 폭로해 환경 문제의 중요성을 일깨웠다. 로마클럽은 1972년에《성장의 한계》보고서를 발표해 자원고갈과 환경오염 등을 경고했다. 21세기 들어와서는 지구 온난화와 기후변화의 위험성을 경고하는 환경운동과 시민사회운동이 세계 각지에서 활발하게 전개되었고, 2015년 온실가스 감축 목표를 정해 실행하며 국제사회가 그 이행 여부를 검증하도록 규정한 파리 기후협약이 채택되었다.

지구촌에서 살아가는 인류는 20세기 말 이래 정보기술IT의 혁명적 성장과 확산으로 과거 어느 때보다 연결된 채로 살아가고 있다. 월드와이드웹 www이 개발된 1989년 이후 인터넷 보급은 빠르게 증가해 세계인들의 실시간 정보 공유를 가능하게 했다. 1980~1990년대 신자유주의 흐름 속에서 각국의 항공 산업이 민영화되면서 급성장한 항공 운송은 세계인들의 지리적 거리감을 크게 줄여주었다. 2020년 코로나19의 세계대유행은 지구촌이 하나로 연결된 상황에서 감염병 위기 극복과 공중보건 개선을 위한 지구적 차원의 공동 노력이 필요함을 일깨우고 있다.

고도로 네트워크화된 세상에서 21세기를 살아가고 있는 우리는 세계시민으로서 인류 문명의 지속가능성을 위한 역사인식을 가져야 한다. 그리고 유엔이 제시한 지속가능한 발전 목표에 도달하기 위한 일상적 실천에 나서야 한다. 지구라는 행성에서 살아갈 미래 세대를 위해서!

참고문헌

게오르크 오스트로고르스키, 김경연, 한정숙 옮김, 《비잔티움 제국사 324-1453》, 까치, 1999.

권오신 외, 《역사 속의 동서문화 교류》, 강원대학교 출판부, 2016.

기시모토 미오 외, 김현영 외 옮김, 《조선과 중국 근세 오백 년을 가다-일국사를 넘어선 동아시아 읽기》, 역사비평사, 2003.

기시모토 미오 외, 정혜중 옮김, 《동아시아 속의 중국사》, 혜안, 2015.

김정위, 《중동사》, 대한교과서, 2005.

김진경, 《고대 그리스의 영광과 몰락- 트로이 전쟁에서 마케도니아의 정복까지》, 안티쿠스, 2009.

김진경 외, 《서양고대사 강의》, 한울아카데미, 2018.

김호동, 《아틀라스 중앙유라시아사》, 사계절, 2016.

남영우, 《(지리학자가 쓴) 도시의 역사》, 푸른길, 2011.

닐 퍼거슨, 김종원 옮김, 《제국》, 민음사, 2006.

W.프랑케, 김원모 옮김, 《동서문화교류사》, 단대출판부, 1999.

도널스 사순, 오숙은 외 옮김, 《유럽문화사 1,2,3,4,5》, 뿌리와 이파리, 2014.

디트릭 올로, 문수현 옮김, 《독일현대사》, 미지북스, 2019.

로버트 O. 팩스턴, 손명희, 최희영 옮김, 《파시즘: 열정과 광기의 정치혁명》, 교양인, 2005.

로버트 스테이시, 주디스 코핀, 박상익 옮김, 《새로운 서양 문명의 역사》, 상·하, 소나무, 2014.

리처드 오버리, 왕수민 옮김, 《더 타임스 세계사》, 예경, 2016.

마크 기로워드, 민유기 옮김, 《도시와 인간: 중세부터 현대까지 서양도시문화사》, 책과함께, 2009.

문정진 외, 《중국 근대의 풍경-화보와 사진으로 읽는 중국 근대의 기원》, 그린비, 2008.

박윤덕 외, 《서양사 강좌》, 아카넷, 2016.

박지향, 《제국주의: 신화와 현실》, 서울대출판부, 2015.

박한제 외, 《아틀라스 중국사》, 사계절, 2015.

배영수 외, 《서양사 강의》, 한울아카데미, 2016.

배티 프리단, 김현우 옮김, 《여성의 신비》, 이매진, 2005.

송충기 외, 《지구화 시대의 서양현대사》, 아카넷, 2009.

신성곤 외, 《한국인을 위한 중국사》, 서해문집, 2004.

아미노 요시히꼬, 박훈 옮김, 《일본이란 무엇인가》, 창작과 비평사, 2003.

아사오 나오히로 외, 이계황 옮김, 《새로 쓴 일본사》, 창작과 비평사, 2003.

알베르 소울, 최갑수 옮김, 《프랑스혁명사》, 교양인, 2018.

에드워드 기번, 이종인 옮김, 《로마 제국쇠망사》, 책과함께, 2018.

에릭 밀란츠, 김병순 옮김, 《자본주의의 기원과 서양의 발흥 - 세계체제론과 리오리엔트를 재검토한다》, 글항아리, 2012.

에릭 홉스봄 외, 박지향, 장문석 옮김, 《만들어진 전통》, 휴머니스트, 2004.

요시자와 세이치로, 정지호 옮김, 《중국근현대사1-청조와 근대세계》, 삼천리, 2014.

우에하라 카즈요시, 한철호 외 옮김, 《동아시아 근현대사》, 옛오늘, 2011.

윌리엄 맥닐, 김우영 옮김, 《세계의 역사》, 1·2권, 이산, 2007.

유희수, 《낯선 중세 - 잃어버린 세계, 그 다채로운 풍경을 거닐다》, 문학과지성사, 2018.

이성시, 박경희 옮김, 《만들어진 고대-근대 국민국가의 동아시아 이야기》, 삼인, 2010.

이영림 외, 《근대 유럽의 형성 16~18세기》, 까치, 2011.

이영석, 《제국의 기억, 제국의 유산》, 아카넷, 2019.

E.P. 톰슨, 나종일 외 옮김, 《지구화 시대의 서양현대사》, 아카넷, 2009.

이희철, 《튀르크인 이야기: 흉노. 돌궐. 위구르. 셀주크. 오스만 제국에 이르기까지》, 리수, 2017.

일본사학회, 《아틀라스 일본사》, 사계절, 2011.

장 졸리, 이진홍, 성일권 옮김, 《지도로 보는 아프리카 역사 그리고 유럽, 중동, 아시아 - 인류의 기원부터 현재까지》, 시대의 창, 2016.

전국역사교사모임, 《살아있는 세계사 교과서(1)(2)》, 휴머니스트, 2006.

정은주 외, 《비단길에서 만난 세계사》, 창작과 비평사, 2006.

정지호, 《키워드로 읽는 중국의 역사》, 홍문각, 2017.

존 루이 개디스, 《냉전의 역사》, 에코리브르, 2010.

존 M. 톰슨, 김납섭 옮김, 《영국 노동계급의 형성》, 창작과 비평사, 2000.

주경철, 《대항해 시대》, 서울대출판부, 2008.

지오프리 파커, 김성환 옮김, 《아틀라스 세계사》, 사계절, 2004.

크리스 하먼, 이수현 옮김, 《세계를 뒤흔든 1968》, 책갈피, 2004.

토니 주트, 조행복 옮김, 《포스트 워, 1945~2005》, 플래닛, 2008.

패트리샤 버클리 에브리, 이동진 외 옮김, 《사진과 그림으로 보는 케임브리지 중국사》, 시공사, 2002.

프리츠 하이켈하임, 김덕수 옮김, 《하이켈하임 로마사 - 한 권으로 읽는 디테일 로마사》, 현대지성, 2017.

피터 디어, 정원 옮김, 《과학혁명 - 유럽의 지식과 야망, 1500~1700》, 뿌리와이파리, 2011.

한나 아렌트, 이진우, 박미애 옮김, 《전체주의의 기원1,2》, 한길사, 2006.

한중일 3국 공동역사 편찬위원회, 《한중일이 함께 쓴 동아시아 근현대사1, 2》, 휴머니스트, 2012.

호리 도시카즈, 정병준 외 옮김, 《중국과 고대 동아시아 세계》, 동국대학교 출판부, 2012.

연표

세계사 연표(*동아시아 외 모든 지역)	동아시아 연표
기원전	기원전
180만 년경 영장류의 일부 도구 사용	1400년경 은나라가 상읍으로 천도
160만 년경 인류 직립보행	1000년경 주나라가 은나라를 멸하고 중원을 장악(서주시대)
40만 년경 인류 불 사용	770 주나라의 동천, 춘추시대의 시작
10만 년경 언어의 사용	403 전국시대의 시작
1만 1천 년경 신석기 농업 혁명	221 진시황제가 천하를 통일
5천 년경 메소포타미아 문명 등장	213 문화 탄압 사건인 분서갱유
3100년경 이집트 문명 등장	209 진승 오광의 반란
2500년경 인더스 문명 등장	202 한 고조 유방이 항우를 제압하고 중국을 재통일–한 왕조의 성립
2000년경 황허 문명 등장	141 한 무제의 흉노 정벌
1800년경 바빌로니아 제국 건설	139 장건을 대월지국에 파견– 비단길 개척
1000년경 아시리아 메소포타미아 지역 통일	
800년경 그리스 폴리스 등장	
626 신바빌로니아 성립	
550 페르시아 제국 성립	
510 로마 공화국 성립	
492~479 그리스–페르시아 전쟁	
431~404 펠레폰네소스 전쟁	
334 알렉산드로스 동방 원정	
320 인도 마우리아 제국 성립	
264 로마와 카르타고의 포에니 전쟁	
30 로마 원수정 시작	

세계사 연표(*동아시아 외 모든 지역)

1054 동서교회 대분열

1066 노르망디 공작의 잉글랜드 정복 (잉글랜드 노르만 왕조 탄생)

1077 카노사의 굴욕

1088 볼로냐 대학 설립(세계 최초의 대학)

1095 클레르몽 공의회 (십자군 전쟁 결정)

1096~1099 제1차 십자군 전쟁

1126 잉글랜드 플랜태저넷 왕조 탄생

1215 잉글랜드 대헌장 제정

1271~1295 마르코 폴로 여행

1302 프랑스 삼부회(전국신분대표자회) 탄생

1309~1377 교황의 아비뇽 유수

1325 이븐 바투타 세계여행

1337~1453 잉글랜드-프랑스 100년 전쟁

1346~1352 유럽 흑사병 유행

1450 구텐베르크 금속활자 인쇄

1453년 동로마 비잔틴 제국 몰락

1455~1485 장미전쟁 (잉글랜드 왕위 계승 내전)

1485 잉글랜드 튜터 왕조 탄생

1492 콜롬보 항해와 서인도 제도 도착

1498 바스쿠 다가마 인도 항로 개척

1517 루터 종교개혁

1521 에스파냐의 아스테카 제국 정복

1526 인도 무굴 제국 성립

1534 예수회 성립, 영국 수장령으로 국교회 성립

1543 코페르니쿠스 지동설 발표

1571 레판토 해전

1581 네덜란드 독립 선포

1588 영국 에스파냐 무적함대 격파

1589 프랑스 부르봉 왕조 시작

1598 프랑스 낭트 칙령

동아시아 연표

1004 송과 요나라의 전연의 맹

1069 왕안석의 신법 개혁 실시

1115 여진족의 금나라 건국

1125 금나라, 요를 멸망시킴

1126 금나라 송 카이펑을 함락시킴-정강의 변

1185 일본 최초의 무사정권인 카마쿠라 바쿠후 시대 시작

1206 징기즈칸의 즉위-몽골 제국의 성립, 인도 델리술탄 왕조 시작

1234 몽골이 금나라를 정복

1271 몽골의 쿠빌라이칸, 국호를 원나라로 변경

1274 여몽 연합군의 일본 원정

1275 마르코폴로가 중국에 도착

1279 원나라의 남송 정복

1368 주원장 명을 건국

1370 티무르 제국 성립

1392 고려 멸망, 조선왕조 세워짐

1405 영락제의 명을 받고 정화의 대원정 시작

1557 포르투갈, 마카오에 거주

1565 무굴 제국의 악바르 대제, 데칸까지 영역 확장

1582 예수회 선교사 마테오 리치, 마카오에 도착

1590 도요토미 히데요시의 일본 통일

1592 임진왜란 시작

세계사 연표

1960 아프리카의 해

1962 쿠바 미사일 위기

1964 미국 민권법 제정

1968 프랑스 68운동, 체코 프라하의 봄

1969 아폴로 11호 달 착륙

1969 미국 아폴로 11호 달 착륙

1971 미국 달러 금태환 중지

1972년 유네스코 세계문화 및 자연유산 보호 협약, 로마클럽 성장의 한계 보고서 발표, 미소 전략무기제한협정(SALT1)

1975 G7 정상회담 탄생

1979 미소 전략무기제한협정 (SALT II)

1985 고르바초프 소련 공산당 서기장 취임

1986 소련 체르노빌 원자력발전소 사고

1989 베를린장벽 붕괴, 중국 천안문 사건, 월드와이드웹 개발

1990 동서독 통일

1991 소련 몰락, 유고슬라비아 내전 발생

1993 유럽연합(EU) 탄생

1995 세계무역기구(WTO) 출범

2001 미국 9.11테러

2003~2011 이라크 전쟁

2015 파리 기후변화협약

2020 코로나19 세계대유행

동아시아 연표

1963 말레이시아연방 성립

1965 베트남전쟁

1973 제1차 석유파동

1975 베트남전쟁 종결

1966 중국, 문화대혁명

1976 마오쩌둥 사망

1979 중국, 개혁과 개방정책 시작

1989 천안문 사건

1997 덩샤오핑 사망, 영국으로부터 홍콩 반환받음

1999 포르투갈로부터 마카오 반환받음

도판과 지도 일러스트에 대하여

이 책에 사용된 총 135개의 도판 중 100개는 123RF, 위키피디아, 픽사베이에서 제공한
것과 저자가 직접 촬영한 사진들이며, 교류와 소통의 네트워크 역사에 대한 이해를 돕
기 위해 국내외 지도 사이트를 참고해 35개의 지도를 일러스트로 담았습니다.

네트워크 세계사

인류는 어떻게 소통하고 교류하는가

초판 1쇄 인쇄 2020년 11월 20일 **초판 1쇄 발행** 2020년 11월 30일

지은이 민유기·정지호·홍용진

펴낸이 김지은 **펴낸곳** 도서출판 자유의 길 **출판등록** 제2017-000167호
크리에이티브 디렉터, 일러스트 북베어 **경영관리** 한정희 **마케팅** 김도현
이메일 bookbear1@naver.com **전화** 031-816-7431 **팩스** 031-816-7430
홈페이지 https://www.bookbear.co.kr

ISBN 979-11-90529-07-5 (03900)

길은 네트워크입니다. 자유의 길 로고는 어디든 갈 수 있고, 모든 곳에 열려 있는 자유로운 길을 의미합니다.
도서출판 자유의 길은 예술과 인문교양 분야에서 사람과 사람, 자유로운 마음과 생각, 매체와 매체를 잇는 콘텐츠를 만듭니다.